図解 眠れなくなるほど面白い

始皇帝の話

渡邉 義浩 監修
YOSHIHIRO WATANABE

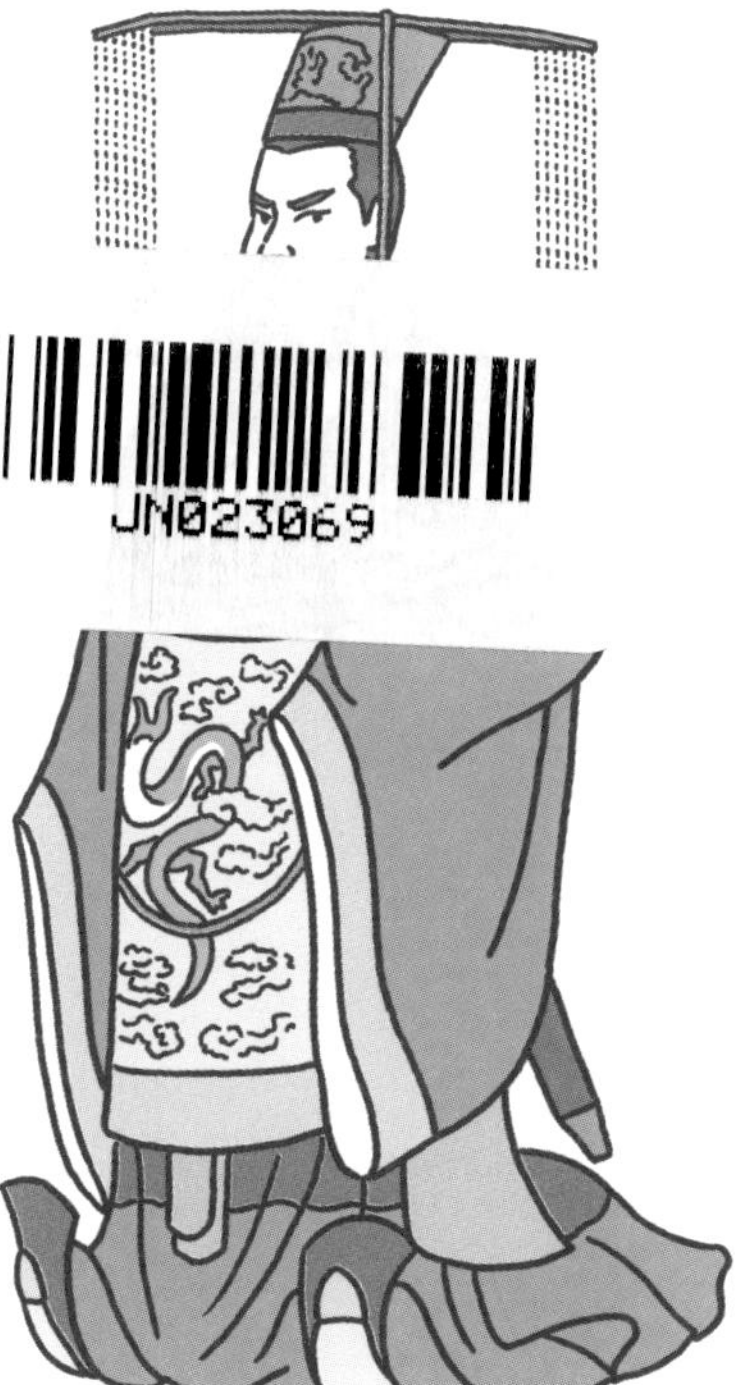

日本文芸社

はじめに

ベストセラーとなっている歴史マンガ『キングダム』（作者：原泰久《やすひさ》）の影響は大きく、始皇帝への注目は熱いものがあります。中国古代史に関心を抱く人も増え、中国古代を研究している身としてはうれしい限りです。

従来、始皇帝といえば、自分に従わない者は容赦《ようしゃ》なく処分するなど非情な暴君としてのイメージがありました。しかし、前述のマンガでは、平和のために統一を目指す、武勇に優れた名君として描かれています。みなさんは、どちらが本当の始皇帝だと思いますか。

始皇帝は、史上初めての中国統一、世界遺産にも選ばれた万里の長城建設、いまだに全貌《ぜんぼう》のつかめない始皇帝陵《りょう》の造営といった事業で広く知られています。

しかし、それだけでは語りつくせないほどの業績を成し遂げた人物でもあります。

また、一人でこれらの偉業を、あっという間に成し遂げたわけでもありません。始皇帝につながる歴代秦《しん》王の軌跡があり、はたまた、数多くの忠臣が陰ながら支えていました。

本書では、始皇帝が生まれてから、軍事力で中国を統一し、数々の統一政策を実施した後、亡くなるまでの歩みを追いかけます。

また、始皇帝誕生までの中国と秦の歴史、始皇帝の優秀な家臣たちについても紹介します。始皇帝にまつわる多くの物語を俯瞰《ふかん》しながら、あなたなりの始皇帝像を見つけてみてください。

2022年3月

渡邉 義浩

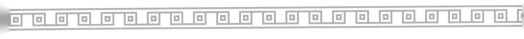

眠れなくなるほど面白い 図解 始皇帝の話

もくじ

PART 1 始皇帝の何がすごいの？

PART 2

始皇帝誕生までの軌跡

PART 3

即位と7国統一までの戦い

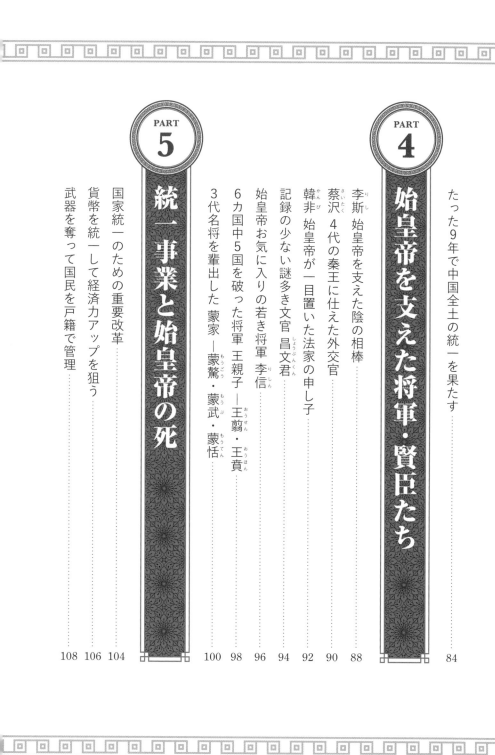

PART 4
始皇帝を支えた将軍・賢臣たち

PART 5
統一事業と始皇帝の死

COLUMN

PART

1

始皇帝の何がすごいの?

中国史上で初めて中国統一を成し遂げた王として名高い始皇帝。彼の偉業はそれだけに留まりません。まずは、その主な業績についておさらいします。

絶対的君主である「皇帝」

「皇帝」という称号には、揺るぎない決意が込められていた

「始皇帝」は、はじめから「始皇帝」であったわけではありません。13歳で秦《しん》の君主に即位した嬴政《えいせい》は、まず「秦王《しんおう》」という称号を持っていました。そして、39歳で念願の中国統一を果たしたときに、改革の一つとして新しい称号をつくることにしました。

これを発案したのは丞相《じょうしょう》（宰相）の李斯《りし》。**称号に「君主は絶対者であり、宇宙の主催者である」という法家《ほうか》の考えを反映させようとしたためです。**李斯は古典の中から「天皇《てんこう》」「地皇《ちこう》」「泰皇《たいこう》」という3案を出し、もっとも尊いとされる「泰皇」を勧めました。

しかし、嬴政はこれらに納得できず、**中国の伝説的な帝王である「三皇」の「皇」と「五帝」の「帝」を合わせた「皇帝」に定めたと言います。**

さらに、**最初の皇帝ということから、自らを「始皇帝」と名乗ります。**また、自称を「朕《ちん》」、自分の出す命令を「詔《しょう》」としました。

後継者には「二世皇帝」「三世皇帝」と名乗らせようとしますが、三代目の子嬰《しえい》の代で秦は滅びます。

しかし、**絶対的な支配者を意味する「皇帝」という称号は、その後2000年以上も引き継がれることに。**始皇帝の成し遂げた偉業の一つとも言えます。

皇帝：中国古代王朝の殷《いん》・周《しゅう》の君主は「王」と称した。始皇帝にはじまる「皇帝」という称号は、ラストエンペラーと呼ばれた清《しん》の12代目・愛新覚羅溥儀《あいしんかくらふぎ》まで使われた。

「皇帝」という称号を創始した始皇帝

方士《ほうし》（神仙の術などを身につけた修行者）の侯生《こうせい》や盧生《ろせい》も、生まれつき傲慢《ごうまん》な独裁者という評価を残している。

「蜂のようにとがった鼻と切れ長の目、ワシのように突き出た胸、山犬のような声、虎狼の心」と、始皇帝に仕えた尉繚《うつりょう》は語ったと『史記』に記されている。

始皇帝＝猜疑《さいぎ》心の強い暴君というイメージは、後の時代に広まったものと思われる。

古代中国王朝の君主の称号

始皇帝の「皇帝」は秦以降、受け継がれた。では、それ以前はどのように君主を呼んでいたのか。殷、周の時代には、君主を「王」と呼んでいた。ちなみに、日本は中国の三皇の一つ「天皇」を和名の君主の称号として用いた。

明《みん》代の図鑑『三才図会《さんさいずえ》』に載っている始皇帝の容貌は険悪なものだ。

郡県制で広大な国を均一に統治

地方分権を脱出して中央集権化へ歩み出した

始皇帝の行なった改革の中で、もっとも優れた功績とされるのが、**中国を36の郡に分け、その下に県を置いた「郡県制」です**。それまでは氏族制度で、各地域を諸侯たちが治める「封建制」をとっていました。

また、要職に誰が就《つ》くのかは、その地方の「氏族制ピラミッド」の力関係によって決まることが多く、この制度のもとで私腹を肥やした諸侯が反乱を起こすこともありました。

そこで始皇帝は、統一した中国国内を36の郡に分けて、**それぞれの郡に行政責任者の〝守《しゅ》〟、軍事を管轄する〝尉《い》〟、軍事を監察する〝監《かん》〟という役職を置きました。**

これらは始皇帝直属の役職で、中央から派遣された官僚が、お互いに監視し合って力の均衡を保たせる狙いがありました。

さらに、秦の王族や功績をあげた家臣には賞与を与えましたが、領地は召し上げました。

こうして、**行政官たちに権力を持たせずに、すべての権力が始皇帝に集中する仕組みをつくり、広大な中国を治めようとしたのです。**

その後、〝州〟や〝道〟といった行政区分が加わり、現在、中国は23の省、5つの自治区、4つの直轄市に分かれています。始皇帝の築いた中央集権体制は、現代まで引き継がれたのです。

中国の行政区分：1997 年にイギリスから香港が返還され、1999 年にポルトガルからマカオが返還された。特別行政区として省と同じように扱われている。

現代中国まで受け継がれた国家体制

秦の郡県制

役職は世襲できない一代限りのもの。

皇帝

郡

守
（行政）

尉
（軍事）

監
（監察）

郡の行政官「守」の下に県の行政官「令」を置いたが、守と令の間に主従関係はない。監は守と尉を監察する。

県

令《れい》
（行政）

地方の官僚らは皇帝直属で、皇帝の意思を代行するものと考える。県にも軍事責任者と補佐役がつけられた。

現在の中国の行政区分

始皇帝の中央集権型の単一国家というシステムは、現代中国まで受け継がれた。

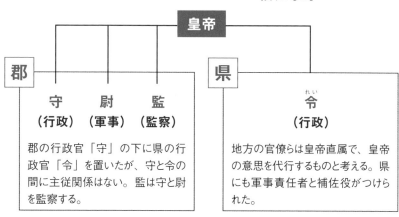

「法家思想」のもとに国を統一

中央に力を集めるために下地となった法家思想

実は、秦は始皇帝登場前から、強大な軍事力を持つ大きな国でした。**中国統一の礎《いしずえ》を築いたとされるのが、商鞅《しょうおう》という人物です。**

この時代、秦が滅ぼした6国（P30参照）では、氏族制度のもとで、各地域の諸侯たちが権力を高めていました。そして、**地方の権力者たちによる分権制によって、王の権力が小さくなり、国をまとめることが困難でした。**

一方、秦は中国西部の辺境地に誕生した新興国だったため、ほかの国々に比べて氏族制度がそこまで深くは根付いていませんでした。

そこに登場したのが商鞅です。当時の秦王の孝公《こうこう》の命を受けて、「商鞅の変法」という大改革を実行。これは、**法家《ほうか》の「公正」と「信賞必罰《しんしょうひつばつ》」をもとに考えられたもの**（P33参照）。**法を基準とした平等なルールを次々に実行しました。**始皇帝の改革は、これらの下地ができていたために受け入れられやすかったのです。

商鞅が秦に法家を導入したのと同時期に、**楚《そ》では呉起《ごき》という人物が、同じように法家の導入を試みました。**

しかし、楚は秦よりも氏族制度が強く根付いていたため、地方の権力者たちの反発にあい、呉起は楚の悼王《とうおう》の死後に襲われ、楚での法家の普及も止まりました。

呉起：魏《ぎ》の文侯《ぶんこう》に仕えた後、楚の悼王《とうおう》の宰相となり、楚国の強兵に努めた武将・兵法家。『呉子』は『孫子』と並び、有名である。法治主義にもとづく改革を図ったが失敗した。

法史がメインだった秦王朝の官僚制度

実際に官僚を務めたのは、法に詳しい文吏が多かったとされる。それだけでは足りないため、学識豊かな者（博士）や方術・儒教を学んだ者（方士）も採用されていた。

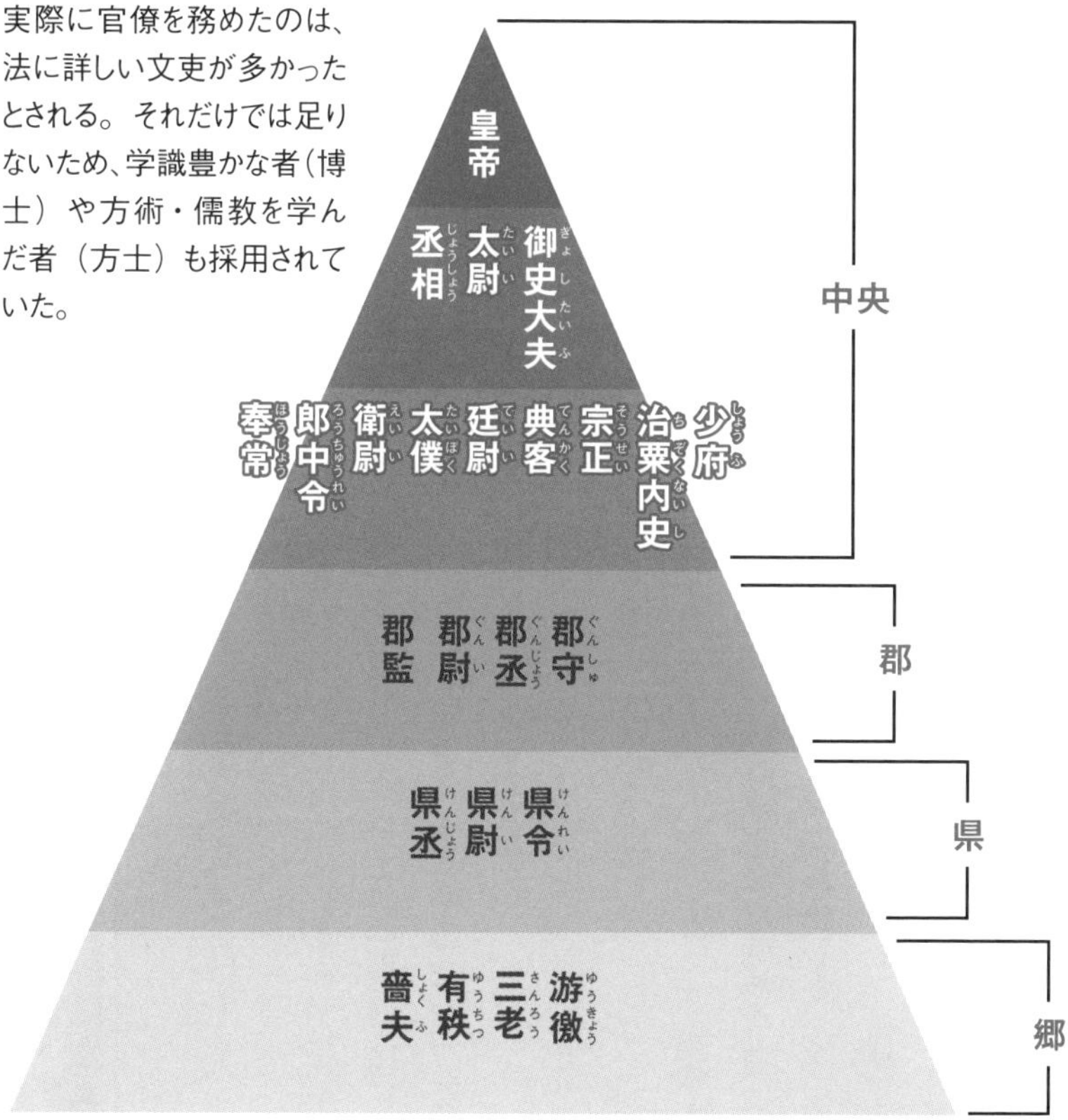

血縁でつながる周《しゅう》の封建制

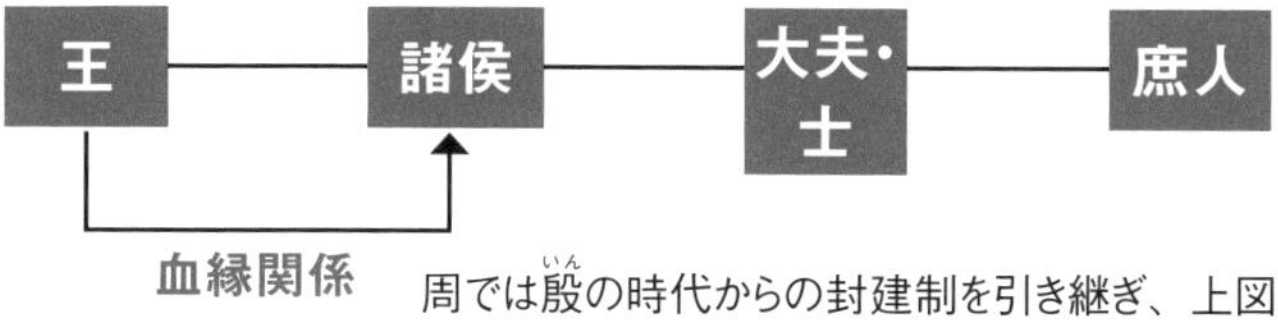

周では殷《いん》の時代からの封建制を引き継ぎ、上図のような身分と政治が結びついた秩序が保たれていた。

政治の基本となった2つの改革

法家思想をもとに実力主義の体制を整えて支配した

「郡県制」によって巨大な統一国家となった秦ですが、これを正常に運営するためには、国の端から端までを同じレベルでコントロールする必要がありました。**そのために設けたのが「信賞必罰」です。**

これは、法家の考えのもとに考案されたもので、功績をあげた者には必ず褒美《ほうび》を与え、罪を犯した者には必ず罰を与えるという原則です。中央から地方に向けて「信賞必罰」を出すことで、巨大な国をすみずみまでコントロールしました。

ここで問題になるのが、伝達の仕方です。現代では電話やメールなどがありますが、こういったものは古代中国には存在していません。そこで始皇帝は、**伝達に関する改革として、「文字の統一」と「文書主義」を行ないました。**

当時は、国や地域ごとに文字や発音が異なっていて、ほとんど外国語といってもいいレベル。そこで、**文字を「篆書《てんしょ》」に統一して、さまざまな命令や通達を文字にして残すことを徹底しました**（詳細104ページ）。

これにより、言葉を交わし合うことは難しくても、筆談で意思疎通を図ることが可能に。文化や言語は違っても、**文字を通じて同じ民族だという意識を持つようになりました。**

篆書：戦国時代から秦代のもっとも古い書体で、周末期の金文（青銅器の表面に記された文字）を起源とする。現代では、印章などに用いられている。

秦以前の国家構造

邑制国家《ゆうせいこっか》

臣下に邑を分け与え、貢納と軍役を負わせ、地方の行政は各地の王に任せる。邑は村落を指す言葉で、それが発達し、いくつかの村落を統合し住民を集住させて城郭を築いた都市国家のこと。邑の大きなものが都《と》で、殷《いん》は殷王室とそれに服属した邑制国家の連合体である。

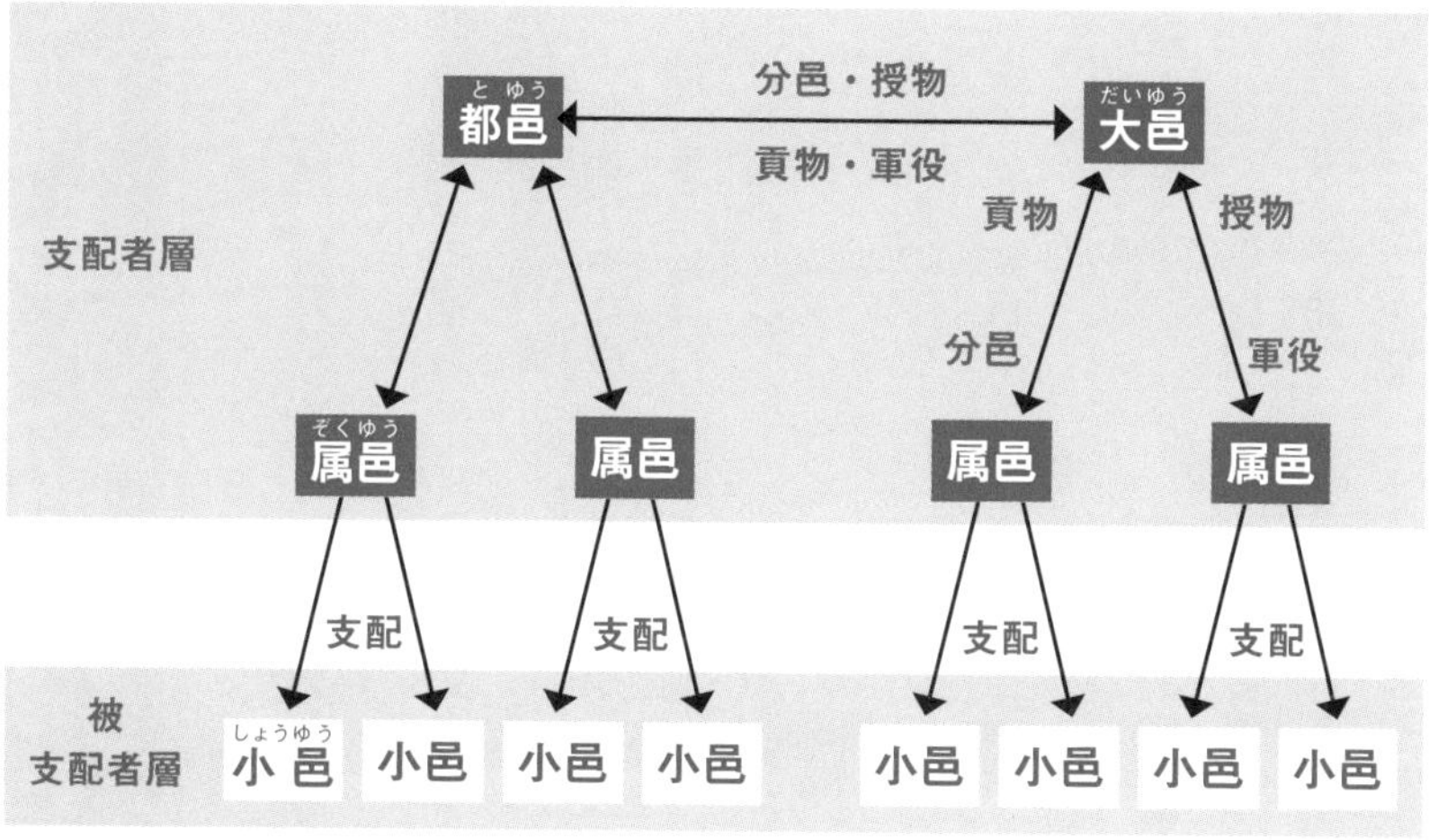

周の国家構造

周は血縁関係のあるものに分邑《ぶんゆう》し、貢納と軍役を義務化。身分も序列化し、封建制を築いた。各地の諸侯は独立性が高いため、王室の力が弱まると分裂した。

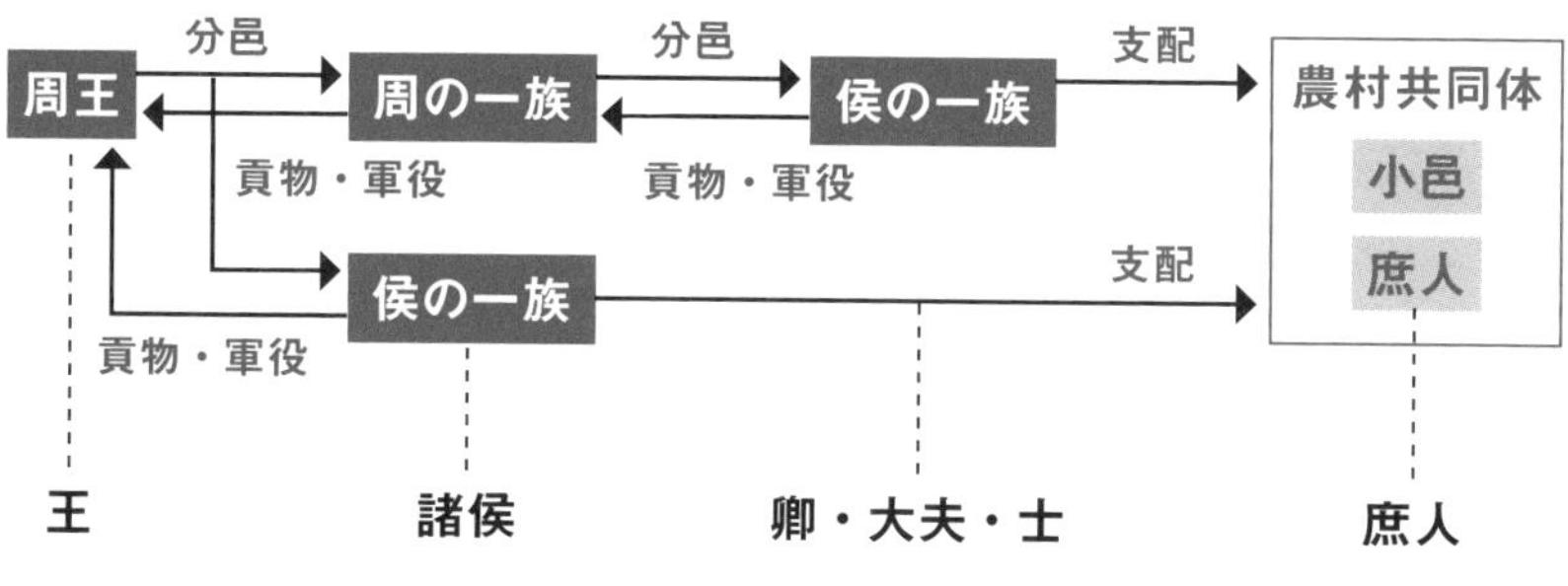

百越《ひゃくえつ》攻略で興した運河事業

南方の敵を攻略するために行なった一大土木事業

秦が中国を統一すると、**北方の匈奴《きょうど》や南方の百越《ひゃくえつ》といった異民族が新たな敵国となりました。**そのため、匈奴の侵略を阻止するために、北方には万里の長城を設け、南方には百越を破るために霊渠《れいきょ》という巨大な運河をつくりました。

百越とは、長江《ちょうこう》（揚子江《ようすこう》）より南側に住む民族の総称です。武将・蒙恬《もうてん》が率いた匈奴戦では、約30万人の兵士が送られましたが、百越には約50万人が送られたと伝わります。

また、始皇帝が百越にこだわった理由は、そのころに貴重とされた**犀角《さいかく》（サイの角《つの》）、象牙《ぞうげ》、翡翠《ひすい》、真珠などを手に入れたかったからだといわれています。**

打倒百越のために行なわれた一大土木事業の運河事業は、禄《ろく》という人物に任され、前２２１年に開始し、前２１４年に完成しました。

霊渠の全長は約34キロメートルで、揚子江の支流の湘水《しょうすい》と、広東地方の西江《せいこう》へと流れる灕水《りすい》とを結んだ巨大な運河です。水路には36の水門が設置され、水位の調節をするという高度な技術も施されました。

霊渠の完成で、南方へ軍隊と軍糧の輸送がしやすくなり、嶺南《わいなん》地方の平定が実現。秦が滅んだ後も、霊渠は嶺南地方と中原《ちゅうげん》地方を結ぶ大事な交通路として重用されました。

百越：古代中国において、長江以南からベトナム北部までの広域に住んでいた諸族の総称。人口の少ない未開拓の地だったため、北方の人々を強制的に移住させ開拓しようと考えられていた。

始皇帝が整備した交通網

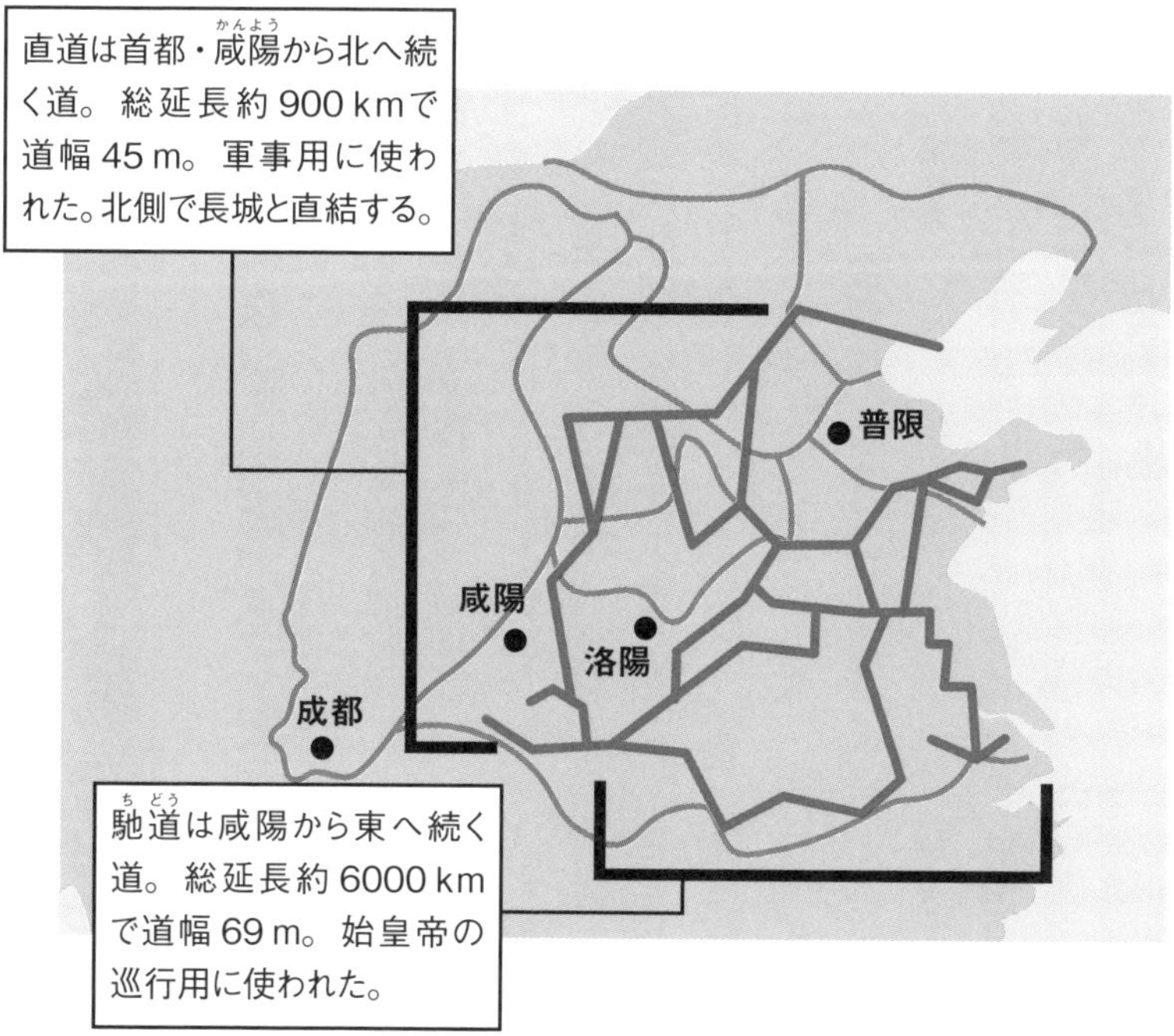
直道は首都・咸陽《かんよう》から北へ続く道。総延長約900 kmで道幅45 m。軍事用に使われた。北側で長城と直結する。
普限
咸陽
洛陽
成都
馳道《ちどう》は咸陽から東へ続く道。総延長約6000 kmで道幅69 m。始皇帝の巡行用に使われた。

霊渠～始皇帝の運河～

湘水と灕水を結ぶ運河。南方の百越対策として設けられた。高度な技術を用いた灌漑《かんがい》施設で、現在も使われている。

スパイが築いた水路

強大化する秦を大規模な土木工事によって国力を削ごうと、鄭国《ていこく》という名のスパイが秦に送り込まれたことがある。途中で正体がばれたものの、水路が完成すれば国は豊かになると鄭国は反論し、生きながらえて無事水路を完成させた。この水路は鄭国渠と呼ばれた。

始皇帝を守る巨大な墓・始皇帝陵

伝説から事実になった司馬遷の『史記』の記述

1974年に、始皇帝の絶大な権力の片鱗《へんりん》が発見されました。それは発掘された始皇帝陵《りょう》です。紀元前3世紀頃につくられた巨大な墓で、始皇帝が13歳で即位した直後から造営がはじまり、完成したのは49歳で亡くなった前後だとされています。

始皇帝陵は、現代の墓とは比べものにならないくらい広大で、**周囲は2000m、高さは76mもあります。**

盗掘を防ぐ罠《わな》が仕掛けられていたり、副葬品が埋葬されていたりする点は、古代エジプトのピラミッドなどと変わりません。

しかし始皇帝陵には、生前と変わらない生活ができるようにと、**墓室には役人の席が設けられ、戦車や馬や兵士などの兵馬俑《へいばよう》（俑は人形《ひとがた》の意味）も一緒に埋葬されていました。**

驚いたのは、**兵馬俑の数の多さです。**約8000体が、始皇帝のお墓を守るように配置されていました。これらの兵士たちは、死後も始皇帝を守っていたのです。

20世紀最大の発見の一つといわれる始皇帝陵ですが、**いまだに発掘調査中で、その全貌は明らかになっていません。**

また、司馬遷《しばせん》の書いた『史記』では、始皇帝陵には水銀の川が流れているなどの記載もあり、まだまだ多くの謎を秘めています。

始皇帝陵の伝説：始皇帝陵には「地下に宮殿や楼閣を築いた」「忍び込む者を射殺す、自動発射の弓がある」「河や海をかたどる水銀が流れる」などと『史記』に書かれている。長年、実態のない伝説だと思われていた。

始皇帝を守るためにつくられた兵馬俑

兵馬俑は中国西安(陝西省西安市臨潼区)にあり、1987 年に世界遺産に登録された。

始皇帝陵から出土した青銅の馬車は豪華なものだった。始皇帝が使っていたものの２分の１サイズと考えられる。

兵士（高さ約 180cm）は一人ひとり表情が違う。地位の高いものは鎧《よろい》や冠《かんむり》などからもわかる。

膝をついている兵士、軍馬を引き連れている兵士とスタイルもさまざま。精巧につくられている。

北方民族の侵略を防いだ万里の長城

10年以上を費やして完成した世界一の人工壁

世界最長で最大の人工壁である万里の長城。この巨大建築事業は、ほとんどの人に始皇帝によるものだと思われていますが、正しくは、**始皇帝以前の複数の国家によって建築・修繕が繰り返されてきた長城を、始皇帝が一つにまとめ上げた城壁です。**

現在残っているものは、主に明時代（1368～1644年）に改装され、総長が6000km以上あります。さまざまな研究から、前漢（秦の後に興った国）時代には20000kmを超えていたこともわかっています。

そんな万里の長城建設には、長年にわたる北方民族との戦いが関係していました。

秦・趙《ちょう》・燕《えん》などでは、中国統一前から北方民族の侵略を受けていました。そのため、**各王朝は国境付近に長城を建設して、侵攻を防いでいたのです。**

中国統一後、始皇帝は武将・蒙恬《もうてん》に、各国に点在している長城をつなげて、大きな城壁にするよう命令しました。

はじめはオルドスへの侵略防止を目的にした局地的なものでしたが、やがて**匈奴《きょうど》の侵略防止という目的も加わりました。**その結果、万里の長城建造は、10年あまりの歳月と何十万人という労働者が関わる大規模事業へと発展したのです。

北方民族との戦い：スキタイの影響を受けたモンゴル系の匈奴が、オルドス（黄河の湾曲部の内側）から中国に侵入することを防ぎたかった。

1987年世界遺産にも登録された万里の長城

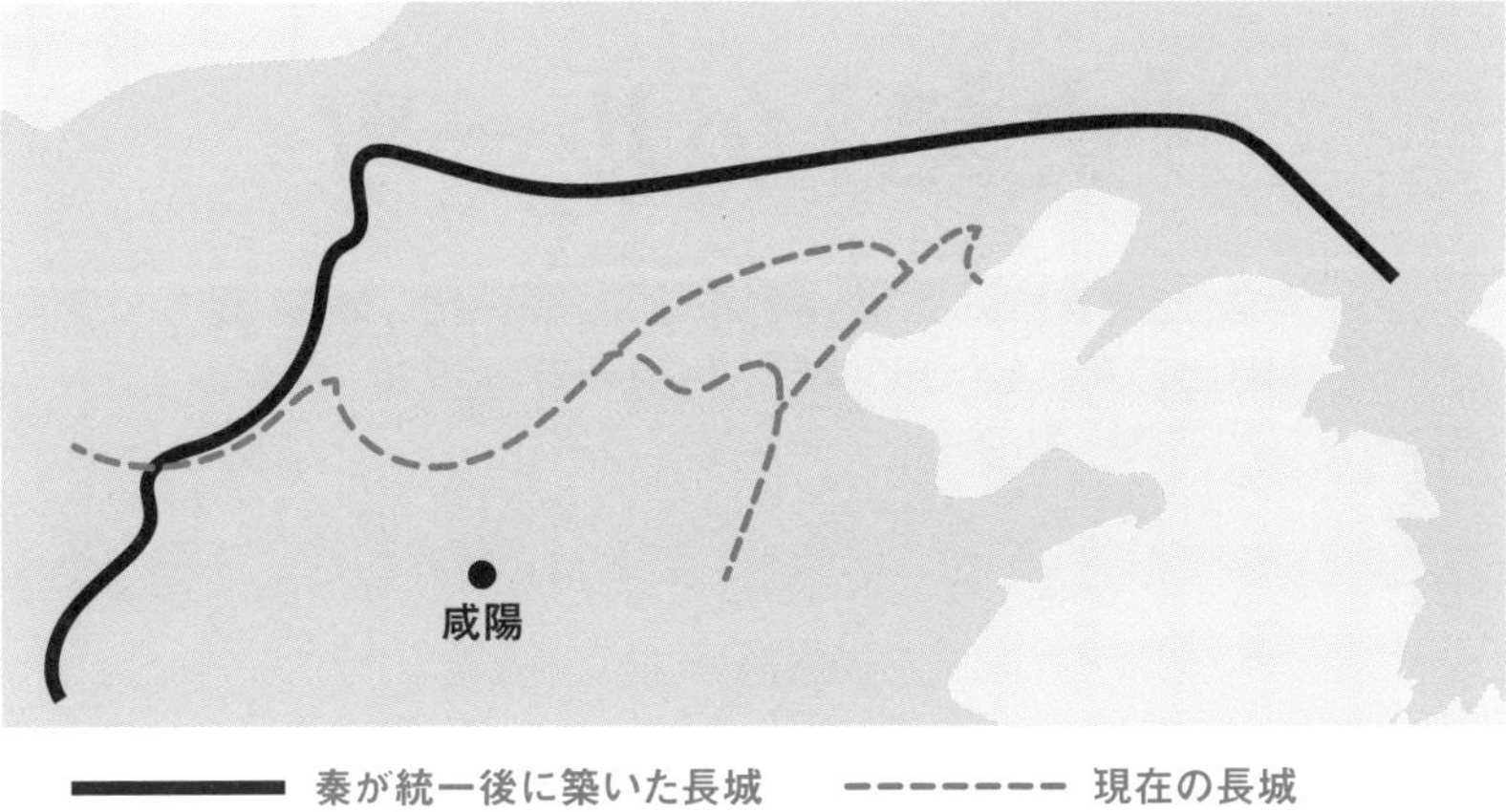

秦の時代の長城は現在よりも北方に建設され、高さや幅も約2mほどしかなかったという。

現在の長城は明の時代に改装されたものがほとんどで、いつの時代のものかわからないものも多い。

COLUMN 1

始皇帝＝暴君像は『史記』がルーツ

始皇帝は偉業を成し遂げた有能な君主である一方、非情な独裁者という悪い印象があります。それは過去の歴史書での描かれ方に関係しています。

現在の始皇帝像は、歴史家・司馬遷《しばせん》が著《あらわ》した歴史書『史記』にもとづいています。司馬遷は前漢・武帝の時代に、『史記』をまとめました。秦が滅亡してから100年も後のことです。前漢より前の時代、秦や始皇帝についても書こうとする際、今の王朝を肯定するために、前の王朝を否定するという意識が生まれたとしても、不思議ではありません。そのため、11ページでも紹介したように、始皇帝を悪く描いたと思われます。

しかし、ほかに始皇帝の業績を書き残した公的な書類がないため、『史記』の始皇帝像が以後、定着することになりました。日本でも古くから『史記』は愛読されています。

PART 2

始皇帝 誕生までの軌跡

始皇帝が中国統一を成し遂げるまでには、秦という国が強大化するまでの長い歴史が下地としてありました。中国古代王朝からのその歴史をたどります。

強固な身分社会だった周《しゅう》王朝

全盛期を誇った西周と、ゆるやかに衰退していった東周

周《しゅう》王朝は、「太公望《たいこうぼう》」と呼ばれた呂尚《りょしょう》を軍師として、文王《ぶんおう》・武王《ぶおう》の二代にわたって殷《いん》と戦い、殷を滅ぼして天下をとった王朝です。

周王朝は、**都の置かれた場所と時代の違いによって西周《せいしゅう》と東周《とうしゅう》に分けて呼ばれ、西周の時代が先んじています。**

西周は**周王を頂点とし、その下に諸侯、卿《けい》、大夫《たいふ》、士《し》、庶人《しょじん》と続く身分制度によって成り立っていました。**重要な地に王族や功臣を封じ、王朝の基盤を築いていきました。

しかし紀元前770年頃に西方の異民族、犬戎《けんじゅう》の侵略により王を殺害され、西周は滅亡。群雄割拠する東周のはじまりは、春秋《しゅんじゅう》時代のはじまりでもありました。前7世紀中頃には周辺国の「楚《そ》」が王の称号を用いはじめ、「呉《ご》」と「越《えつ》」もこれに続きます。

やがて、**前351年の「魏《ぎ》」をはじめとして、「斉《せい》」「趙《ちょう》」「秦《しん》」「燕《えん》」「韓《かん》」も王の称号を名乗りはじめ、東周はいつ滅亡してもおかしくない状況になります。**

どの国とも軍事同盟を結ばない主義により東周は辛《かろ》うじて地位を保っていましたが、最後の王がこのタブーを犯します。勢いある隣国、秦に敵対する合従軍《がっしょうぐん》に参加したのです。以後、秦の猛攻にさらされるようになり、やがて周王朝は滅亡の道をたどります。

西周と東周：西周の都は現在の陝西省《せんせい》西安《せいあん》付近、東周の都は河南《こなん》省洛陽《らくよう》付近とされる。東周時代という呼称があまり使われないのは、この時代になると王権は弱体化し、政治的権力を伴わなかったため。

周（西周：前11世紀末～前771年）の時代の中国

西周の領域　● 周の首都　囲み内 諸侯　色文字 周辺民族

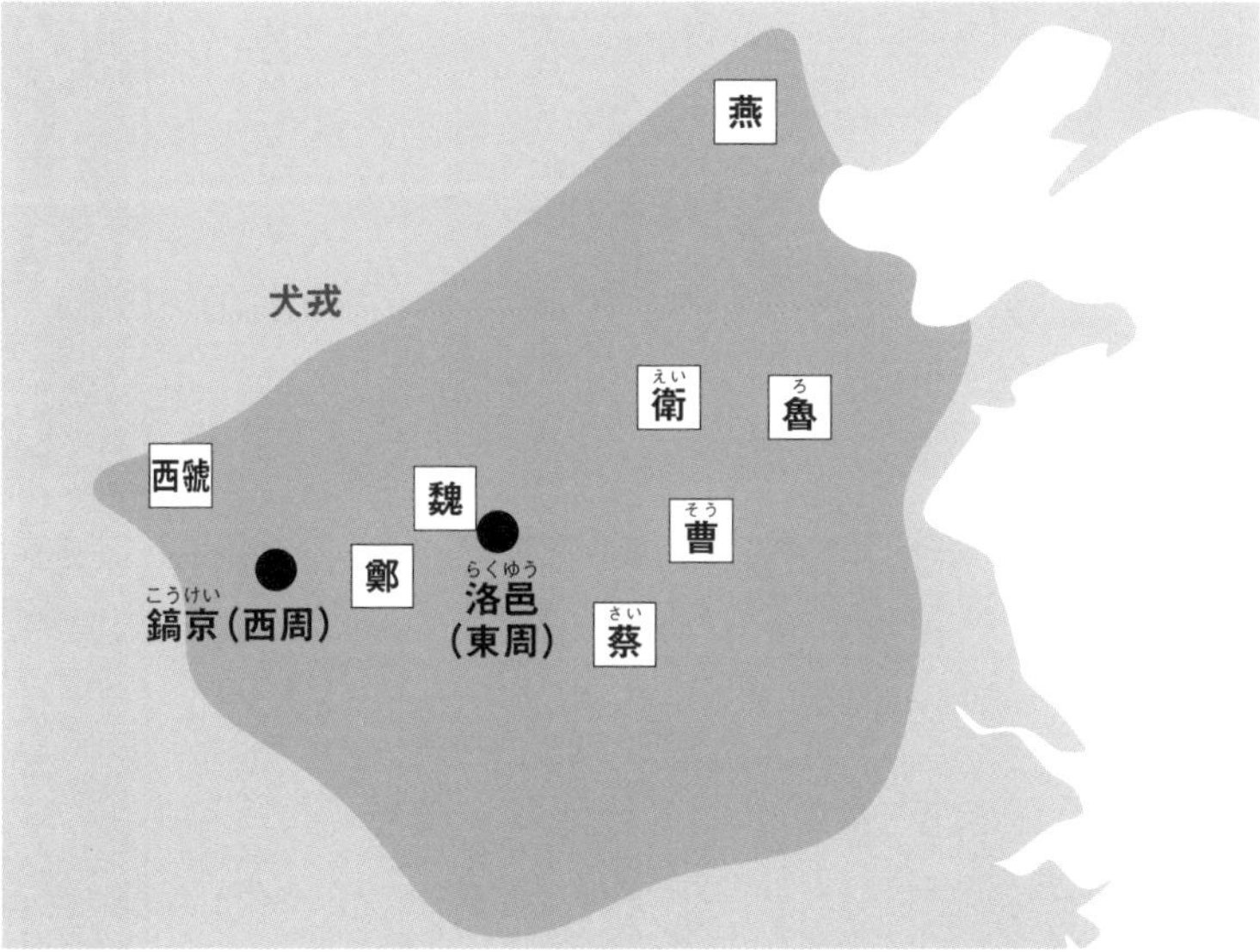
燕
犬戎
衛《えい》
魯《ろ》
西虢
魏
曹《そう》
鄭
洛邑《らくゆう》（東周）
鎬京《こうけい》（西周）
蔡《さい》

中国古代王朝 ～秦以前～

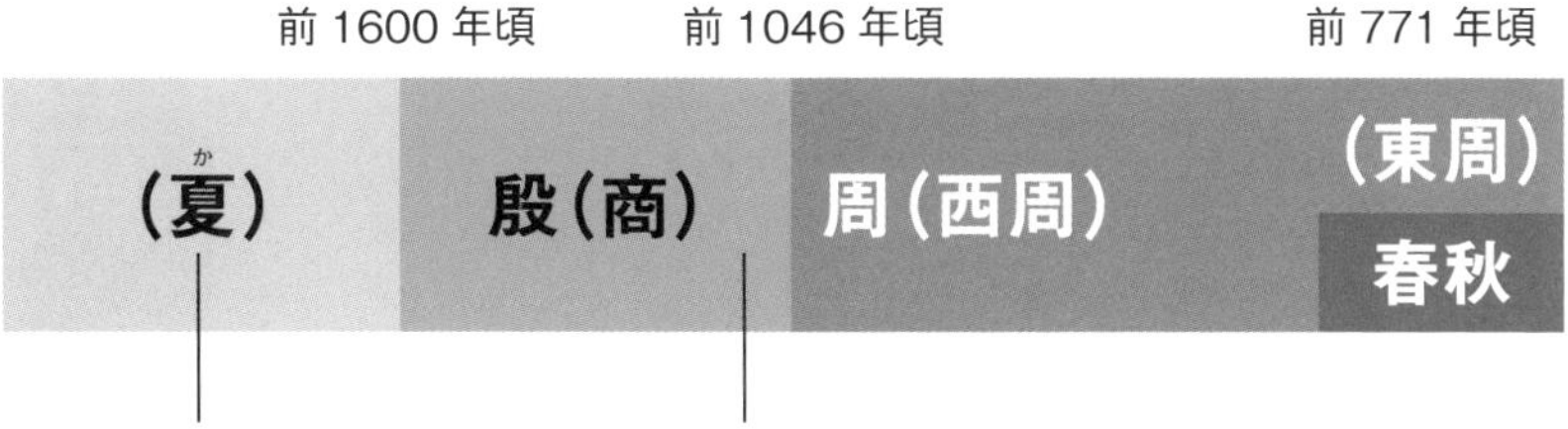
前 1600 年頃
前 1046 年頃
前 771 年頃
（夏《か》）
殷（商）
周（西周）
（東周）
春秋

殷王朝より以前に存在したとされている最古の王朝。実在が疑われているが、最近では実在説が有力になっている。

黄河中流域に興った王朝。自名としては「商」と称し、これを滅ぼした周が前代の王朝を「殷」と称した。

乱世のはじまり 春秋五覇の台頭

春秋五覇が相争い、やがて下剋上の風が吹きはじめる

周《しゅう》王朝の後半の時代は、東周《とうしゅう》と呼ばれます。かつての都が異民族に攻め落とされ、東の洛邑《らくゆう》へと遷都したからです。**ここから約500年にわたる長い乱世、春秋《しゅんじゅう》・戦国《せんごく》時代へ突入します。**

春秋時代の初期には、まだ周王朝の権威が残っていました。王朝を尊崇する気風が、諸侯たちの間に存在していたからです。異民族の脅威から自分たちの王朝を守るという大義名分のもと、その守護者を決めるための戦いが、諸侯の間で繰り広げられていました。

王朝を異民族から守り抜くために戦うことを「尊王攘夷《そんのうじょうい》」といいます。後年、日本の幕末でも使われた言葉です。

覇者《はしゃ》たちの中の有力者が斉《せい》の桓公《かんこう》、晋《しん》の文公《ぶん》などでした。**彼らを総称して「春秋五覇《しゅんじゅうごは》」と呼びます。**

やがて下剋上の雰囲気が湧き上がります。それまで固定化された身分制度の中でおとなしく過ごしていた人々が、その壁を突き破り、上の地位を狙いはじめました。

また、**鉄製農具の普及により農業生産力が飛躍的に向上しました。**それまで使われていた青銅器よりも強度を増した鉄製農具が使われはじめます。しかし、同時に生産物をめぐる戦いもまた、熾烈《しれつ》を極めていきます。

春秋五覇：斉の桓公、晋の文公、楚《そ》の荘王《そうおう》、呉王闔閭《ごおうこうりょ》、越王勾践《えつおうこうせん》の名が一般的(『荀子』王覇編）だが、呉王闔閭の子の呉王夫差《ふさ》とする説や、呉越の代わりに、秦《しん》の穆公《ぼくこう》、宋《そう》の襄公《じょうこう》をあげる場合もある。

春秋時代（前8世紀〜前5世紀）の中国

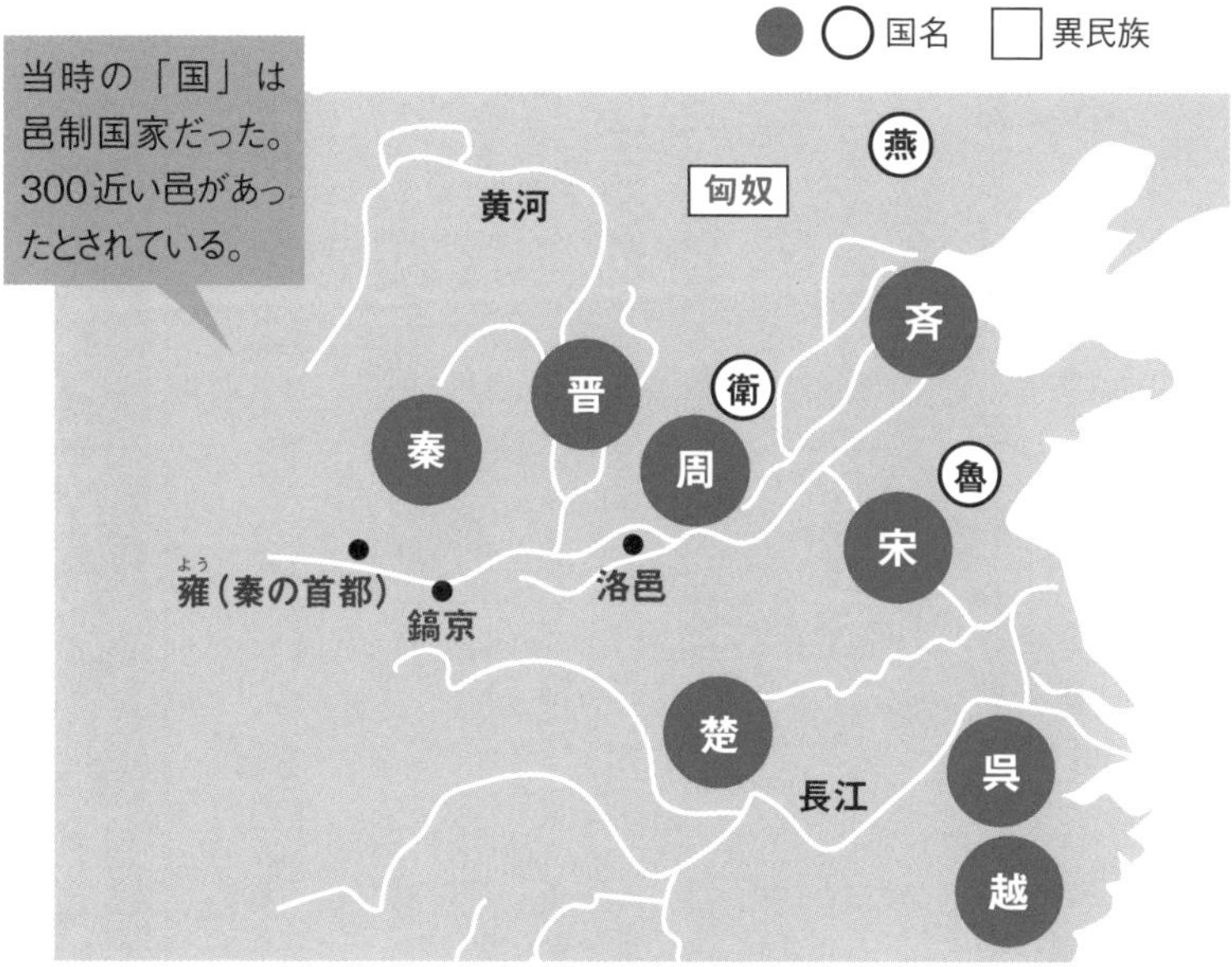
国名
異民族
当時の「国」は
邑制国家だった。
300近い邑があったとされている。
黄河
匈奴
燕
斉
晋
衛
秦
周
魯
宋
雍《よう》（秦の首都）
鎬京
洛邑
楚
長江
呉
越

春秋・戦国時代の社会の変化

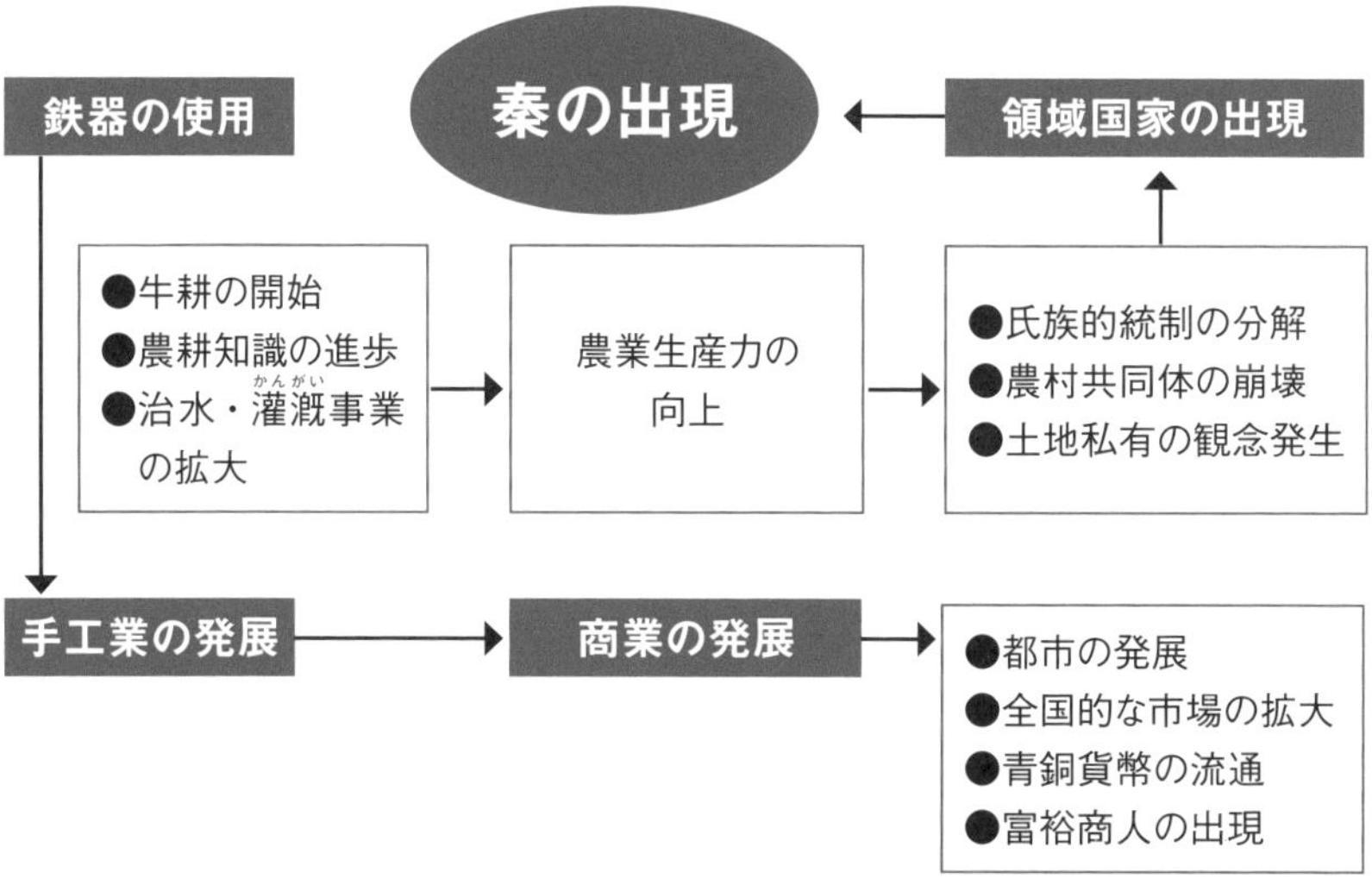
鉄器の使用
秦の出現
領域国家の出現
●牛耕の開始
●農耕知識の進歩
●治水・灌漑《かんがい》事業の拡大
農業生産力の向上
●氏族的統制の分解
●農村共同体の崩壊
●土地私有の観念発生
手工業の発展
商業の発展
●都市の発展
●全国的な市場の拡大
●青銅貨幣の流通
●富裕商人の出現

真の覇者を巡る戦国時代

戦国の七雄と呼ばれた7カ国は富国強兵に努めた

春秋時代はさまざまな国々が入り乱れて戦う状態でしたが、時が流れて属国化や滅亡の中で国の数も減少していきます。そして**晋《しん》が趙《ちょう》、魏《ぎ》、韓《かん》に三分割したことをきっかけとして、戦国《せんごく》時代（紀元前453年～）が幕を開けます。**

戦国時代となると周《しゅう》王朝の権威は失われ、真の覇者を決める争いへと変化しました。**「戦国《せんごく》の七雄《しちゆう》」と呼ばれる韓《かん》・魏《ぎ》・趙《ちょう》・秦《しん》・楚《そ》・斉《せい》・燕《えん》の7カ国が有力で、**各国は富国強兵に努めました。

青銅器時代から鉄器時代への移り変わりに伴い、**剣や刀、槍先《やりさき》、鏃《やじり》など多くが鉄製となり、殺傷能力が飛躍的に向上。**手のひら大に裁断した皮革をつづり合わせてつくる、より柔軟性のある甲冑《かっちゅう》も生まれました。

また、戦車を用いた戦い方から、**騎馬と歩兵を用いた戦い方へ変わります。**鉄製の武器を自在に操る騎兵や歩兵の登場で、見晴らしのよい平原に限られていた戦車での戦いから、戦闘範囲も飛躍的に広がりました。

戦国時代には、貨幣経済も進展。**各国とも生産する物品や他国からの流入品に課税し、財政強化を図ります。**この時代は単なる乱世ではなく、富国強兵への意志が技術革新を生み、経済活動も活発になった時代なのです。

鉄製の武器：戦国時代に、高温で液体化した鉄を流し込む鋳型《いがた》と鋳鉄脱炭という熱処理技術を用いて、鉄器の大量生産が実現。この鉄製造技術は、ヨーロッパより1800 年も先んじていたというから驚きだ。

戦国時代（前5世紀～前3世紀）の中国

■ 戦国の七雄　○その他の国名　□異民族

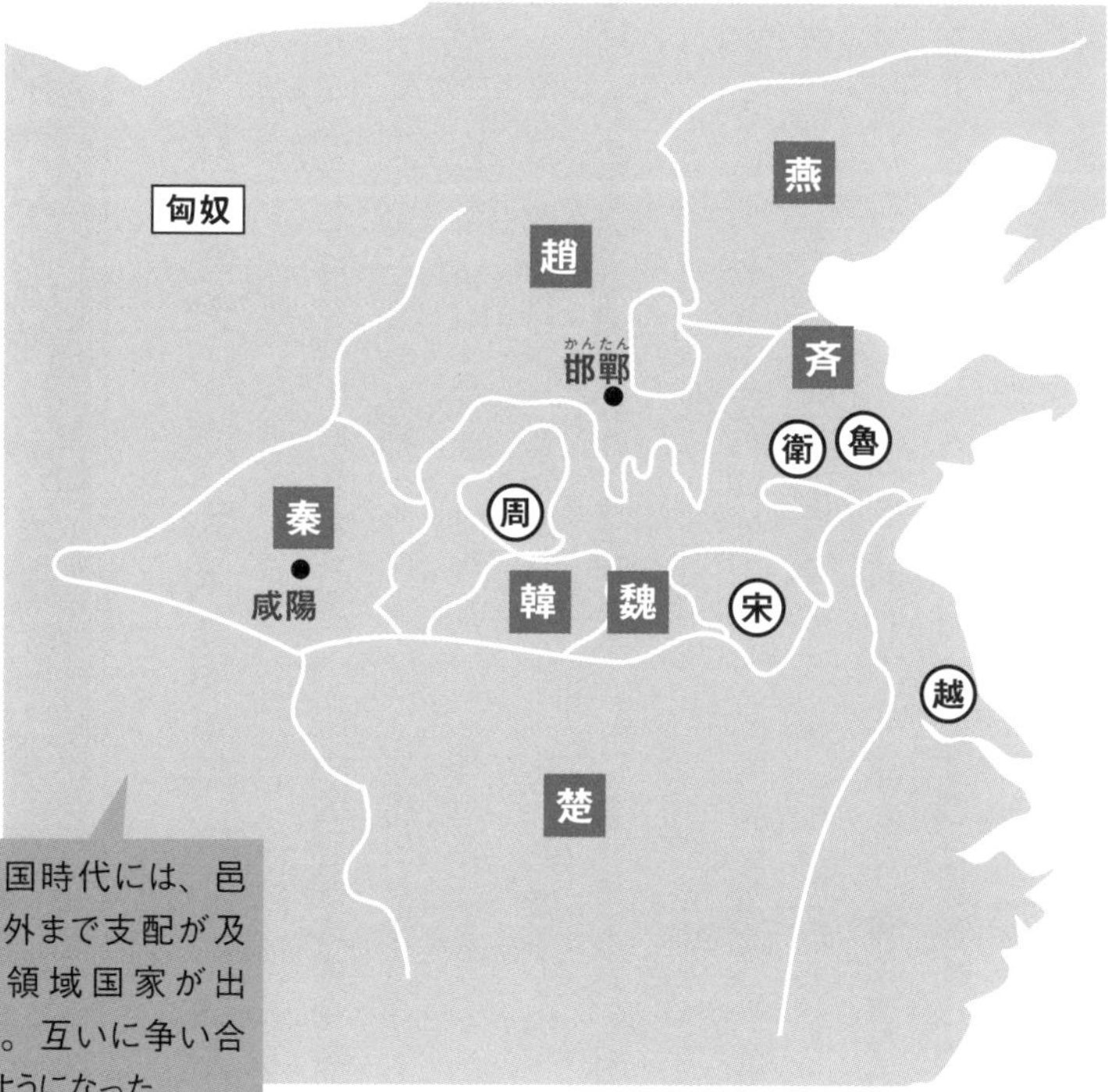

戦国時代には、邑の外まで支配が及ぶ領域国家が出現。互いに争い合うようになった。

鉄製農具の普及

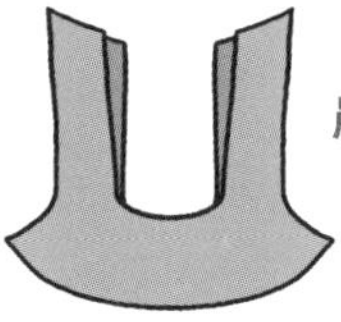

中国の製鉄はもろいため武器に向かず、当初は農具として使われた。鋳型を使ったため大量生産が可能となり、広く普及した。また、牛に犂《すき》を引かせる牛耕（牛犂《ぎゅうり》耕）によって、黄河大平原などの開拓が広範囲に進められるようになった。こうして家族ごとの自立が可能となり、社会構造は大きく変わることとなる。

中国思想の原型・諸子百家の登場

儒家、法家、兵家など中国思想の黄金時代が現れた

生存競争に知恵をしぼる戦国時代が到来し、それまでの身分制や土地の呪縛《じゅばく》から自由になった人々は、自在に他国と行き来できるようになりました。**「諸子百家《しょしひゃっか》」と呼ばれた思想家たちは、このような背景の中で生まれます。**

君主がどのように国づくりを進めれば、揺るぎのない強い国ができるのか。諸子百家が追求したのはこの一点でした。

国家の理想論を説く者、具体的な政策を語る者、戦術を語る者など中身は多種多様で、ゆえに「百家」と呼ばれたのです。**縦横家《しょうおうか》、名家《めいか》、兵家《へいか》など次々に思想家たちが登場する中国思想の黄金時代がここに到来します。**

諸子百家は諸国を渡り歩いて持論を説き、各国のリーダーたちはこれを受け入れ、「食《しょっ》客《かく》」、つまりゲストとしてもてなしたのです。

なかでも斉《せい》の威王《いおう》は、都の臨淄《りんし》の稷門《しょくもん》（城の西門）の外に学堂を建て、思想家たちを集めて研究をさせました。

その思想家たちは「稷下《しょくか》の学士《がくし》」と呼ばれました。**考え方が異なる者たちが議論を戦わすことを表す「百家争鳴《ひゃっかそうめい》」という言葉も、この論争に由来します。**後の中国に絶大な影響を与えた**孔子《こうし》を祖とする儒家《じゅか》が登場したのも、この頃です。**

諸子百家：「諸子」は孔子・老子《ろうし》・孟子《もうし》などの人物を、「百家」は儒家・道家《どうか》・法《ほう》家《か》などの学派を指す。法家は秦に採用されて中国統一に貢献し、儒家は漢以降の王朝に用いられ、道家は黄老《こうろう》思想として広まった。

諸子百家の主要人物と思想

学派	主要人物（生没年）	思想	主な著作
儒家	孔子 （前551頃～前479）	社会秩序の規範（礼）を家族道徳（孝・悌《てい》）に求める。愛情（仁）の実践で理想の社会を追求	論語《ろんご》、春秋《しゅんじゅう》
	孟子 （前372頃～前289頃）	仁を重視して性善説を唱える。徳治主義による王道政治を主張	孟子
	荀子《じゅんし》 （前298頃～前235頃）	性悪説を唱える。法家に影響を与える	荀子
道家	老子《ろうし》（生没年不詳）、 荘子《そうし》（前4世紀頃）	儒家批判。人為的なことを図ろうとしない、自然な姿「無為自然」を唱える。老荘思想となり、道教の源流となる	道徳経（老子）、荘子
墨家	墨子《ぼくし》 （前480頃～前390頃）	利己的な家族道徳を国家・社会に拡大することを批判し、平等の人間愛を求める	墨子
法家	商鞅《しょうおう》（?～前338）	秦で集権政策「商鞅の変法」を実行。法による統治で秩序を維持することを主張	商君書
	韓非《かんぴ》（?～前233）	法や刑罰で社会秩序を維持する法治主義を唱える。荀子の弟子で法家思想を大成	韓非子
	李斯《りし》（?～前208）	荀子の弟子で始皇帝に仕える。法家思想にもとづく政策を立案	
兵家	孫子《そんし》（生没年不詳）、 呉子《ごし》（前440頃～前381頃）	用兵や戦略の道を説き、国家運営の見地から戦争を論じる。内政を重視し、兵は凶器と見なす	孫子
縦横家	蘇秦《そしん》（?～前317）	戦国の七雄のうち強国の秦に対し6国は同盟して対抗するという合従策を唱える	戦国策
	張儀《ちょうぎ》（?～前310）	蘇秦の考えに対し、6国それぞれが秦と同盟を組むべきだとする連衡策を唱える	

上記のほかに、名家の公孫竜《こうそんりゅう》、陰陽家《いんようか》の鄒衍《すうえん》、農家《のうか》の許行《きょこう》らがいる。

かつての秩序を求めた孔子《こうし》と儒家

孔子は周初期への回帰を理想として掲げた

儒家の始祖たる孔子《こうし》は紀元前551年頃、魯国《ろこく》に生まれました。この魯国は周公《しゅうこう》（周公旦《たん》）の子が興した国。かつての周王朝のはじまりにあったような、**支え合いと秩序のある氏族制社会に回帰しよう、というのが孔子の教えでした。**

孔子は、人を愛する「仁《じん》」を重んじるように説きます。博愛的な愛ではなく、あくまでも氏族を基本として同じ宗族の者同士は仲良くしようというのが「仁」です。

その「仁」の基本にあるのが「孝《こう》」。これは子どもから両親への愛を基本として、それを宗族全体にまで拡大させて、皆を大家族として守り合い、支え合って生きていこうとする考え方です。

後に儒家は、孟子《もうし》と荀子《じゅんし》という二人の思想家を生みます。孟子は、君主がよい政治を行なえば、人々はおのずと感化されて、礼を尽くすと説きました。

対する荀子は、礼を尽くさせることを教えるべきだと、形式を重視する姿勢を主張します。

これら儒家の思想は、法家思想の全盛期であった戦国時代には評価されませんでした。しかし時代が下り、**前漢・後漢を通じて広く認知され、やがて国教化。**中国思想の根幹たる思想となっていきます。

儒家：周王朝初期への復古を理想として身分制秩序の再編と仁道政治を掲げた孔子。孔子の死後に、その教えを編纂《へんさん》したものが『論語』である。

儒家の始祖・孔子

仏教の始祖・釈迦《しゃか》、キリスト教の開祖・キリスト、古代ギリシャの哲学者ソクラテスと並び「四聖人（四聖）」に数えられる。

代表的な著作とされる『論語』は、本人の執筆によるものではなく、孔子の死後約400年かけて弟子が孔子の教えをまとめたもの。

孔子の有名な言葉に「温故知新《おんこちしん》」がある。故《ふる》きを温《たず》ねて新しきを知る、という意味だが、この「故」とは周王朝のよき時代を指す。

“人の本質は善である”

孔子没後約100年ののちに生まれ、孔子の教えを受け継いで儒家の基礎を固めたのが孟子。孔子が認めていなかった下剋上を、時代の潮流に合わせてOKとした。

“人の本質は悪である”

斉の襄王《じょうおう》や楚の春申君《しゅんしんくん》に仕えた荀子は、孟子の性善説に異を唱えた。礼と法による統治を説き、李斯と韓非に影響を与える。李斯は秦でこれを実現させる。

秦という強大国のはじまり

起源は名馬を上納して領地を授かった馬飼い

秦の始皇帝となる嬴政《えいせい》の血筋を遡《さかのぼ》っていくと、**周《しゅう》王に仕えた非子《ひし》という一人の人物にたどり着きます。**

嬴政の中華統一よりおよそ700年前、紀元前900年頃に秦亭《しんてい》（現在の甘粛《かんしゅく》省天水《てんすい》市張家川回族《ちょうかせんかいぞく》自治県）という地域に暮らす馬飼いでした。

彼は多くの名馬を周王室へ納め、**その功績により周王より嬴《えい》という姓と領地を賜《たまわ》ったとされています。**これが今に伝わる、秦のルーツです。西方の秦亭は草原と水、丘陵のそろった中国一の名馬の産地でした。

非子が生きた時代からおよそ100年後に、大きな事件が起こります。周王朝が西方の異民族、犬戎《けんじゅう》に侵略されて、幽王《ゆうおう》は殺害。前770年に滅びます。

このときに命がけで後継者の平王《へいおう》を守り、洛邑《らくゆう》に東周を建てるまで保護したのが当時の秦の君主、襄公《じょうこう》でした。そして、**秦は陝西省《せんせい》の岐《き》に領土を広げ、諸侯の一人として認められたのです。**

後に、漢の首都となる長安（現在の西安）も含む陝西省はとても豊かな土地。しかし、西方の出身である嬴の一族は、春秋時代のはじめには、**ほかの諸侯から文明度の低い野蛮な民と見なされていました。**

幽王：西周最後の王。褒姒《ほうじ》という女性を愛して王国を滅亡させ、自らも反乱に遭い殺害された。幽王の死後、周は東の洛邑へ遷都し、東周となったが、王権は弱体であった。

秦の誕生から始皇帝までの流れ

周

前 900 年頃

非子

秦の建国者。周の孝王《こうおう》は非子に秦の地を与え牧畜をさせていた。

前 771 年

初代君主
襄公

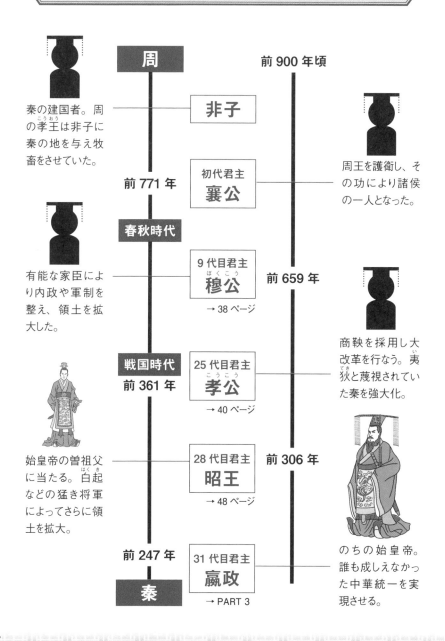

周王を護衛し、その功により諸侯の一人となった。

春秋時代

9 代目君主
穆公《ぼくこう》

前 659 年

有能な家臣により内政や軍制を整え、領土を拡大した。

→ 38 ページ

戦国時代

前 361 年

25 代目君主
孝公《こうこう》

商鞅を採用し大改革を行なう。夷《い》狄《てき》と蔑視されていた秦を強大化。

→ 40 ページ

28 代目君主
昭王

前 306 年

始皇帝の曽祖父に当たる。白起《はくき》などの猛き将軍によってさらに領土を拡大。

→ 48 ページ

前 247 年

31 代目君主
嬴政

のちの始皇帝。誰も成しえなかった中華統一を実現させる。

→ PART 3

秦

「西戎《せいじゅう》の覇者」と呼ばれた穆《ぼく》公《こう》

奴隷出身の百里奚《ひゃくりけい》の提案で、西への領土拡大に成功した秦国

諸侯の中では異端扱い、やや格下の扱われ方をしていた**秦国を飛躍させたのは第9代の君主、穆《ぼく》公《こう》です。**

前659年に君主となった穆公は奴隷出身の百里奚《ひゃくりけい》を登用します。そして、百里奚の提案により東の中原《ちゅうげん》を標的とせず、**むしろ逆方向の西に広がる異民族の地を服属させて領土を拡大させました。**

この百里奚は秦出身ではなく、晋の公族の娘が穆公に嫁いだときに、奴隷として娘に付いてやってきた人物といわれています。**異国人の百里奚によって秦を強くした穆公は、非常に器の大きな人物でした。**

愛馬が逃げ出し、その馬を山の民が食べてしまったときも怒りませんでした。その大らかさに感動した山の民は、晋との戦いで援軍として駆けつけて穆公の危機を救ったという伝説があります。

人材を見抜く目を持ち、相手の身分や出身国にこだわらず手厚く用いた穆公は、やがて「西戎の覇者」と呼ばれるまでになりました。

前621年に穆公がこの世を去った際は、その死を惜しんで家臣177名が殉死《じゅんし》したと伝わっています。この穆公の代に、**西へと広がる広大な土地を獲得した秦は、さらなる国力の強化に乗り出していくのです。**

百里奚：穆公は奴隷出身の百里奚を宰相まで登用。当時の諸国の君主たちは、氏族制にもとづいた序列を無視してまで人材を活用することにおよび腰だったので、異例のことだった。

秦　9代君主穆公と百里奚の治政

秦の基礎を築いた君主

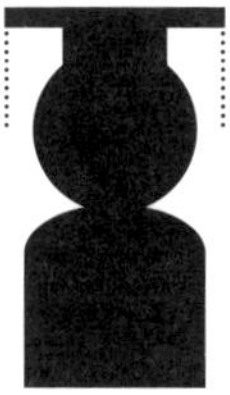

穆公

兄弟相続により秦公となった。在位期間は前 659 ～前 621 年。春秋五覇の一人に数えられることも。

人柄を表すエピソードがたくさん

前 647 年、不作で食糧難となった晋に食糧を援助する。

翌年、立場が逆転。秦が晋に援助を求めたが、攻め込まれたので返り討ちに。

逃げた愛馬が食べられてしまったが、許す。

立腹しないどころか、駿馬を食べるときは酒を飲まないと体に悪いといい、酒もふるまった。

楚《そ》の奴隷となった百里奚を大金で買い戻す。

百里奚は秦の周辺国家を慰撫《いぶ》して隷属させ、領土拡大に貢献した。

自国民だけではなく、他国の民にまで誠意を示した結果、大いに人望を集めた。

秦の強大化を成し遂げるも…

身分にとらわれず有能な百里奚に国政を任せる

前624年、文公が亡くなった後の晋を討つ

前641年、土木工事で疲弊していた梁《りょう》を滅ぼす

前 623 年、西戎《せいじゅう》を討つ

→

領土拡大に成功するも…死去した際、家臣の多くが殉死したため、国力が低下してしまった。

中国統一の礎を築いた孝公《こうこう》の時代

奇計の士を求めた孝公に、商鞅《しょうおう》は大改革を提案

春秋時代から戦国時代へ移り変わって40年の後、秦の第25代目の君主となったのは、孝公《こうこう》です。

かつての名君・穆公《ぼくこう》の治世ははるか昔の故事となり、この時代には7国の一つ魏が大きく勢力を伸ばしていました。**この時代、秦は領土を奪われて、むしろ後退していました。**

そんな劣勢の中、前361年に即位した孝公は、即位と同時に国中に布告を出して、広く人材を求めます。**「奇計《きけい》の士《し》」、つまり意表をつくような優れた計略を考えた者には、高い位と領土を与えようというお触れを出したのです。**

この告知を知り、孝公のもとを訪れたのが商鞅《しょうおう》という人物です。商鞅は、法家の思想を取り入れた一大改革を孝公に進言します。後に**「商鞅の変法《へんぽう》」と呼ばれたこの大改革は、秦の国をそれまでとは全く異なる、新しい国に生まれ変わらせます。**

商鞅の変法に対しては国中から猛烈な反発が出ましたが、孝公はそれら反対の声を抑えて改革を断行。

後に始皇帝が6国を平定したときも、秦は商鞅の法家思想を基軸に国を治めていました。**およそ140年後に嬴政《えいせい》が達成する中華統一に向けて最初のレールを敷いたのです。**

商鞅の変法：商鞅は二度にわたって法を改正し、改革を推進。氏族制を解体する什《じゅう》伍《ご》の制など制度改革によって秦は国力を強大化した。

商鞅の立身と破滅まで

誕生

戦国時代　前4世紀の中頃、衛《えい》という小国に生まれる。

↓

魏に出仕

「戦国の七雄」の一つ、魏《ぎ》に仕えて行政手腕を発揮。

↓

秦に出仕

秦に亡命し、孝公に仕える
前 359 年、「商鞅の変法」を実施した。

・富国強兵に努める
・保守的な貴族の反発を招く

↓

死去

孝公の死後、国外逃亡を図り失敗。車《くるま》裂《ざ》きの刑に処せられる。

法の絶対性を広めるために…

① 木を移動させたら金を与えるという布告を出す。

② 誰も信じないが、報酬を増額させると、木を移す人が現れた。

③ 布告に偽りなしと、その人物に恩賞を与える。

④ 太子の法令違反が発覚。太子さえ厳重に処罰する。

⑤ 国民が法令の絶対性を理解する。

↓

法の絶対性を見せつけ法治国家体制を整える

魏の宰相として仕えた商鞅《しょうおう》

「商鞅を宰相に登用されよ、さもなくば殺されよ」

孝公《こうこう》へ奇計を授け、その法家思想で秦国を丸ごとつくり替えた商鞅《しょうおう》とは、いったいどんな人物だったのでしょうか。衛《えい》の公族出身であった商鞅は、祖国で力を活かすチャンスに恵まれず、魏《ぎ》に赴いて宰相の公叔痤《こうしゅくざ》に仕えました。しかし商鞅が手腕を発揮できないうちに、主人の公叔痤は亡くなってしまいます。

商鞅の能力を高く評価していた公叔痤は生前、主君である魏の恵王《けいおう》へ進言しました。**「私の後継者には、ぜひ商鞅を。もしそれが難しければ、彼を殺害なさるように」**。しかし恵王は、商鞅にそこまでの才も危険性も感じず、ただ放っておきました。

やがて秦の孝公が卓越した人材を広く求めているとの噂《うわさ》を耳にして、商鞅は魏を離れて秦へ向かいます。**孝公は魏からやってきた商鞅の説く「覇道《はどう》」に魅了され、彼を要職に抜擢して次々と改革を断行しました。**

商鞅は軍事にも才能を発揮し、かつて仕えていた魏に侵攻、魏将の公子《こうし》をだまし討ちにして生け捕り、魏軍を撃破します。

その昔、宰相・公叔痤からの忠告を無視して商鞅を要職につけず、また殺しもしなかった魏の恵王。**押し寄せる圧倒的な秦軍の力を前に、ようやく公叔痤の言葉の重みと、商鞅の本当の力を知ったのです。**

覇道：秦へ渡った商鞅は３度孝公に会い、帝道、王道、覇道の道を説いた。孝公は武力によって諸侯を従え、天下を治めるという覇道にのみ、興味を示したという。

商鞅と諸子百家《しょしひゃっか》

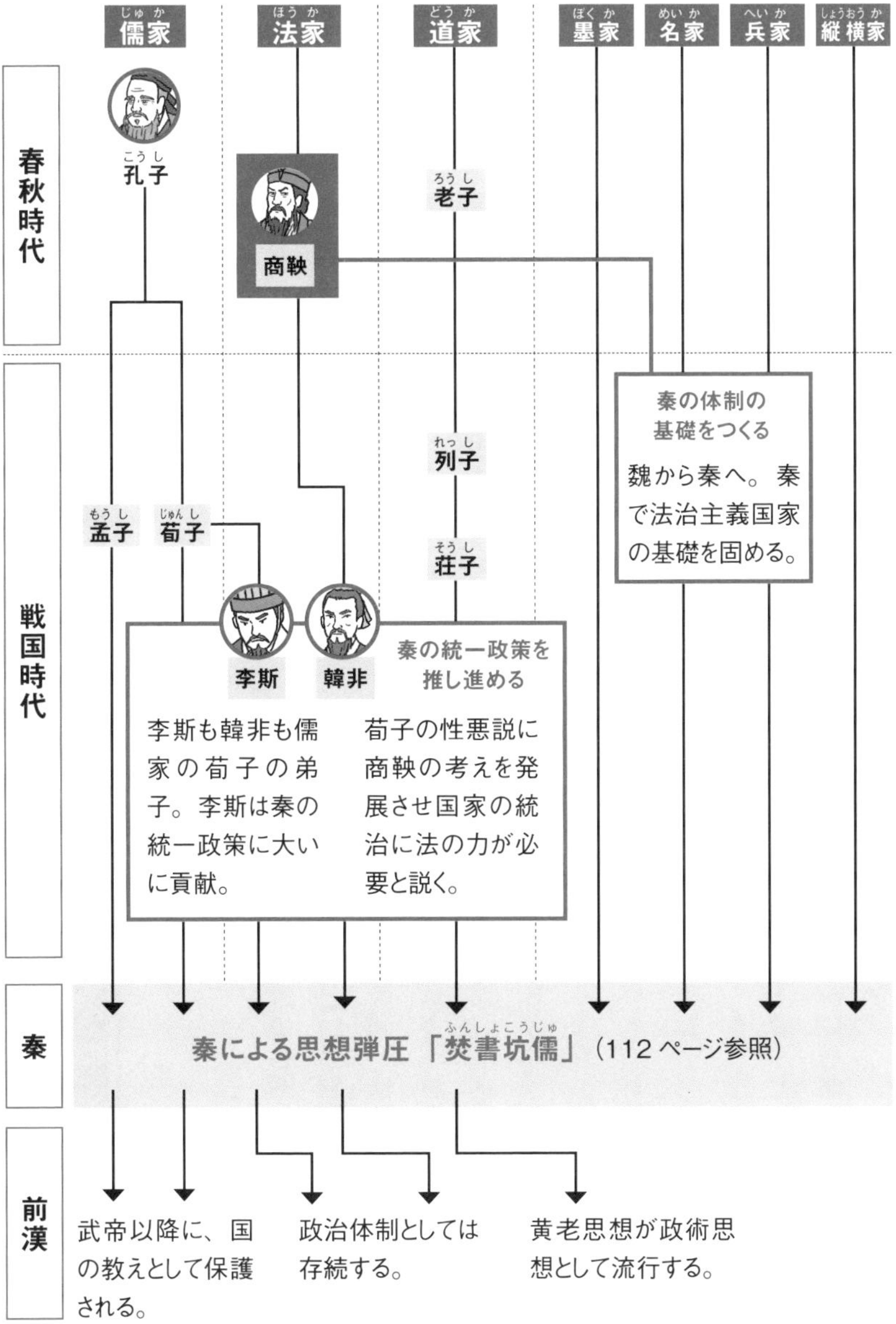
儒家《じゅか》
法家《ほうか》
道家《どうか》
墨家《ぼくか》
名家《めいか》
兵家《へいか》
縦横家《しょうおうか》
春秋時代
戦国時代
秦
前漢
孔子《こうし》
商鞅
老子《ろうし》
秦の体制の
基礎をつくる
魏から秦へ。秦で法治主義国家の基礎を固める。
列子《れっし》
孟子《もうし》
荀子《じゅんし》
荘子《そうし》
李斯
韓非
秦の統一政策を
推し進める
李斯も韓非も儒家の荀子の弟子。李斯は秦の統一政策に大いに貢献。
荀子の性悪説に商鞅の考えを発展させ国家の統治に法の力が必要と説く。
秦による思想弾圧「焚書坑儒《ふんしょこうじゅ》」（112ページ参照）
武帝以降に、国の教えとして保護される。
政治体制としては存続する。
黄老思想が政術思想として流行する。

秦で進められた氏族制度の解体

「什伍の制」や「分異の令」で終幕を迎えた氏族制度

法のもとの万民の平等性、これが商鞅《しょうおう》の改革のキーワードです。それは周《しゅう》の時代から続いてきた氏族制度と人々の生活習慣の破壊を意味しました。

商鞅の改革に、「分異《ぶんい》の令《れい》」があります。これは一つの家に二人以上の男子がいる場合、次男以下は成人したら家から離れて分家させるという制度です。

分家は故郷から遠く離れた地に行かなければなりません。故郷からも親戚縁者からも切り離され、新しい土地を一から開拓する開拓民となり、耕された土地の税はそのまま秦王のものとなるのです。

また、**昔から住んでいる土地でも新しい土地でも、人々は「什伍《じゅうご》の制」という制度で再編成されました。**この「什伍の制」は、縁もゆかりもない他人同士の5家族を1組として組ませて、組の中でさまざまな社会活動や生産活動をさせて、同時に相互監視を強制する制度です。内部で悪事が発覚した際、実の親であろうと友達であろうと告発しなければ全員が過酷な刑を科されました。

これら「分異の令」「什伍の制」の目的は、**人々がなじんできた家長をリーダーとして仰ぐ氏族社会を解体し、秦王のみに忠義を尽くす体制を築くことだったのです。**

法のもとの万民の平等性：法を整備し信賞必罰を徹底すると、効果はてき面。荒れていた田畑は開墾され、10年後には人々の暮らしは豊かになった。治安も安定したといわれる。

「商鞅の変法」は過酷な法だった

一、戸籍を設け、民衆を五戸（伍）、または十戸（什）で一組を編成し、互いに監視し合わせる。一人が罪を犯したら、全員が罰を受ける。

一、悪事を告発しない者は、腰斬《ようざん》の刑に処す。告発者には恩賞を与える。

一、悪事を隠した者は、降参した者と同じ罪を与える。

一、一つの家に二人以上の成人男子がいながら分家しない者は、賦税を倍以上納めること。

一、戦争での功績には爵位を授ける。遠縁の宗室や貴族といえども、戦功のない者はその爵位を降下する。

一、勝手に私闘をした者は、その程度に応じて課刑させられる。

一、大人子どもにかかわらず、男子は農業、女子は紡績などの家庭内手工業に励むこと。成績がよい者は税が免除される。

一、儲けることしか考えない商人、怠けて貧乏になった者は奴隷の身分に落とす。

一、家格や爵位、奉禄の等級の順序を正す。

一、私有の田畑や宅地の広さ、妾《めかけ》の数、衣服の所有数は家格に応じること。分を超えてはならない。

一、功労ある者は贅沢な生活を送ってもいい。功労のない者は、裕福者であっても贅沢をしてはならない。

一、法令を社会規範の要点とする。

秦には古来2つの思想があった

君主の独裁権を重要視する思想

×

君主を全体的な王とせず、貴族による寡頭支配を重要視する思想

→

君主の独裁権を強化する思想が強まる

血縁ではなく実力がものをいう時代へ

実力主義の「軍功爵制」と新しい「県制」の導入

商鞅《しょうおう》は君主権を拡大するための改革も実施しました。**「県制《けんせい》」の施行です。**地方に「県」という新しい行政単位を導入し、ここに君主の代行として一代限りの官僚を配置しました。

この官僚は君主の命令を実行する権限のみを与えられ、自分の意志では多くを決められません。つまり**「県」は、君主の直轄地として配置されたのです。**

また、才能はあるが何の後ろ盾もない人物が立身出世するための制度も整えました。**それが「軍功爵制《ぐんこうしゃくせい》」です。**生まれが奴隷であっても、手柄を立てれば大将軍になれるという道筋を制度化したものです。

一方で、軍功をあげられない者は容赦《ようしゃ》なく称号や栄誉を剥奪《はくだつ》されました。商鞅はこれを公族にまで適用します。**たとえ君主と血縁の者であったとしても、成果を出せない者は特権や地位を奪われました。**

商鞅は「分異《ぶんい》の令《れい》」で個人を親族から切り離し、「什伍《じゅうご》の制」で相互監視させて課税と徴兵の単位とし、「軍功爵制」では支配層の氏族制にまで切り込みました。

その結果、**民の生産力と意識はまっすぐ秦王へ向かい、家柄はよくても実力のない家臣は淘汰《とうた》され、真に力のある戦力だけが、秦王の手元に集まったのです。**

商鞅の死：孝公が死去すると、反商鞅派の動きが活発化。商鞅は危険を察知し、逃亡を試みる。しかし、自身の策定した法により、受け入れ先の隠れ家がなく、捕縛されて車裂きの刑に処された。

より厳しいルールを設けた商鞅の「什伍の制」

犯罪に対し、連座制をとって相互に監視させることで、治安の強化を図った人口管理制度。

自分の所属する伍（5戸）の誰か一人が戦場で殺された場合、敵兵を一人殺さなければ、その伍全員が処刑される規律を設けた。

伍長は5人の中の隊長。5人は運命共同体となってともに戦場で戦う。

この「什伍の制」は、のちに日本の江戸時代で行なわれた「五人組」といった隣保制度にもつながるものである。

春秋戦国時代に武器も青銅器から鉄器へ

時代が青銅器から鉄器に移るにつれ、武器の強度や殺傷力もぐんと上がった。また、戦車から騎馬へと馬の使い方も変わる。長柄武器は矛《ぼう》、槍、戟《げき》、戈《か》などで、短柄武器は主に剣、投射武器は弓や弩《ど》などがあった。

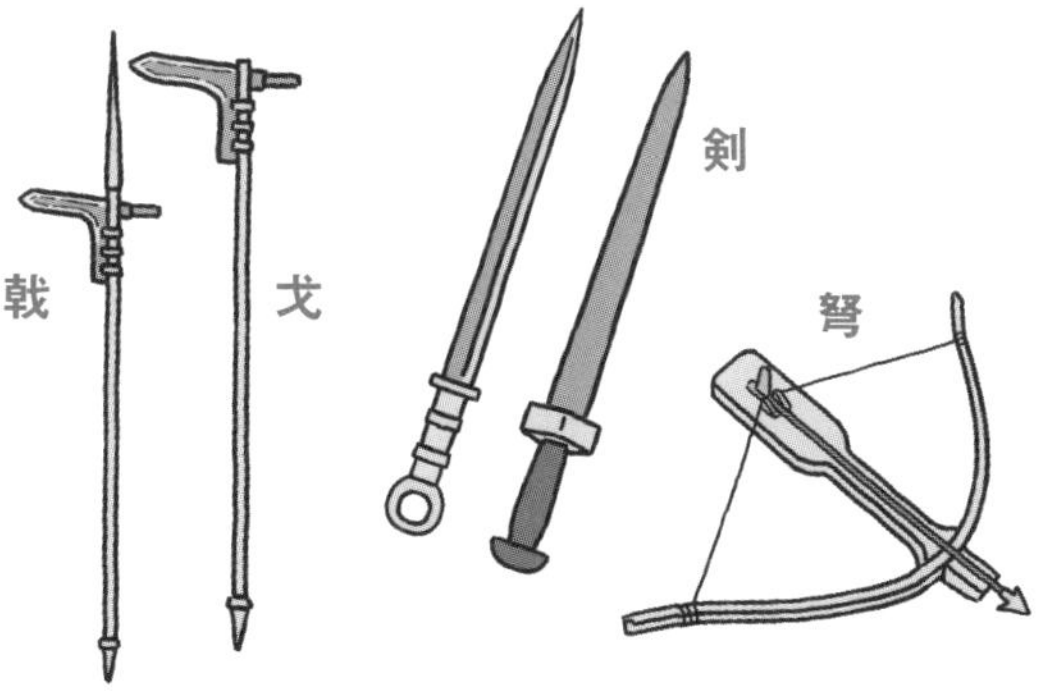

「王から帝へ」恵文王《けいぶんおう》と昭王《しょうおう》の時代

強国化する秦に対し、諸国は6カ国同盟の合従軍を編成

孝公《こうこう》が死去すると、その精鋭部隊を丸ごと引き継いだのは、弟の恵文王《けいぶんおう》でした。ここで恵文王は「王」を名乗りはじめます。

この頃、韓《かん》・趙《ちょう》・魏《ぎ》・燕《えん》・楚《そ》・斉《せい》の6カ国は同盟を結びます。**これは「合従軍《がっしょうぐん》」と呼ばれ、秦《しん》以外の国々が南北で連合するという意味でした。**秦の脅威のために、そのほかの国々が団結する状況にまでなっていたのです。

これに対し、魏の出身である政治家の張儀《ちょうぎ》は、6国がそれぞれ秦と個別に同盟する連衡《れんこう》策を恵文王に提案し、合従軍を破ります。

秦による中華統一の兆しは、恵文王のさらに二代の後、昭王《しょうおう》（昭襄王《しょうじょうおう》）のときに現れます。昭王は「王」の称号も飛び越えて、**自らを「西帝《せいてい》」と呼びはじめます。**そして東の大国である斉《せい》の王に「東帝《とうてい》」の号を贈ります。

秦による天下統一を具体的に計画できる段階へと進み、その前段階として東にある大国、斉と「天下を二分」しようと図ったのではないかといわれています。

この計略は斉の湣王《びんおう》が協調しなかったために長くは続きませんでしたが、**昭王はここで王をしのぐ「帝」を宣言していたのです。**

始皇帝より前に、すでに秦は周辺諸国を震え上がらせるほどの強国に成長していたことを示しています。

合従軍：6カ国の合従軍は前318年に秦に侵攻したが、恵文王はこれを破る（「函《かん》谷関《こくかん》の戦《たたか》い」）。実は6カ国は各々の利害のため足並みがそろわず、出兵したのは魏・趙・韓の3国のみであった。

始皇帝の曽祖父・昭王

即位は前 306 ～前 251 年と秦史上最高の 55 年にも及んだ。「昭襄王」とも呼ばれる。

はじめは母や叔父に実権を握られていたが、やがて政権をリードしていく。白起《はくき》という将軍を重用してから連戦連勝。昭王は「戦神」と称されるようになる。

「完璧《かんぺき》」や「怒髪天《どはつてん》を衝《つ》く」という故事は彼に由来する。完璧は昭王が手に入れたいと思った趙の国にある「和氏《かし》の璧《へき》」という宝玉。趙の藺相如《りんしょうじょ》が見事、璧に傷一つ付けず持ち帰ってきた、というエピソードによる。

強大化する秦に対抗するための合従策と連衡策

合従策（蘇秦《そしん》が唱える）
6国が力を合わせて一勢力となる

連衡《れんこう》策（張儀が唱える）
各国がそれぞれ秦と手を結ぶ

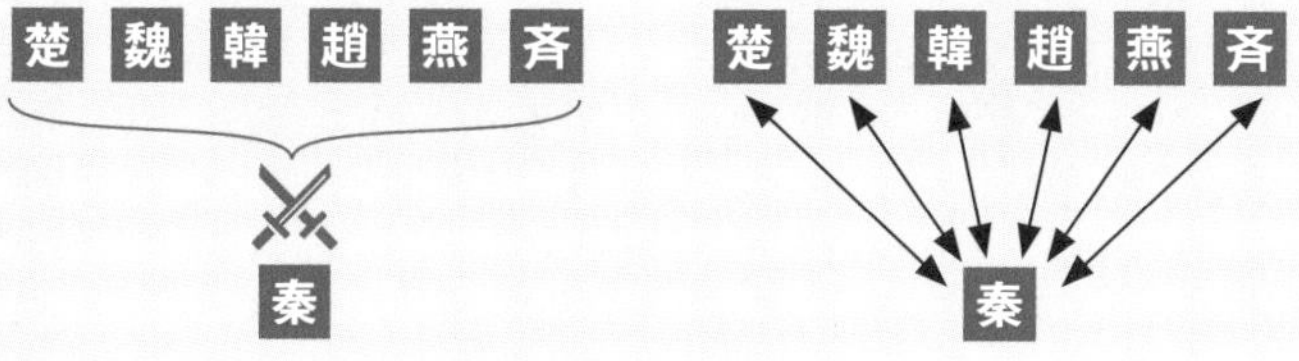

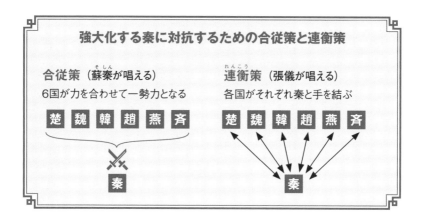

秦の戦神・白起《はくき》と長平の戦い

秦六大将軍として歴史に名を残しつつも自刃に散った白起

昭王の時代に、白起《はくき》という名将軍が登場します。白起は前293年から韓《かん》、魏《ぎ》の両国を攻め2年足らずで61もの城を陥落させた。

前273年には韓、魏、趙《ちょう》軍を破り、前264年には韓の5つの城を攻め落とします。次いで前260年には、秦に次ぐ兵力を誇っていた大国、趙と戦って大勝をおさめました無敗の武将です。

戦国時代最大ともいわれる、この「長平《ちょうへい》の戦い」において、白起は20万余りの捕虜《ほりょ》の兵糧をまかなえず、反乱の恐れがあるとして少年兵を除く捕虜全員を生き埋めにしたと伝わっています。

白起は破竹の勢いで趙の都まで攻め込もうとしますが、秦の宰相・范雎《はんしょ》は反対。神がかり的な白起の軍事力を警戒し、牽制《けんせい》したのではないかといわれています。

秦はその後、趙との和議を結びます。この政治的判断に納得のいかない白起は、以後一切の出仕を断って自邸に引き込もってしまいます。昭王からの再三の出仕要請も断り続けた結果、昭王より死を賜《たまわ》ることになりました。

天才的将軍であった白起の死は、秦にとって大打撃でした。白起の自刎《じふん》によって、統一に向けて前進していた秦の動きが一時期、停滞したともいわれるほどです。

白起の死：白起は自決用の剣を手に、かつて長平の戦いにおいて趙兵を生き埋めにした後悔の念を語り、「天が昭王の口を借りて自分に下した裁きであろう」と述べ、そのまま自刎したという。

秦と趙の雌雄《しゆう》を決した長平の戦い

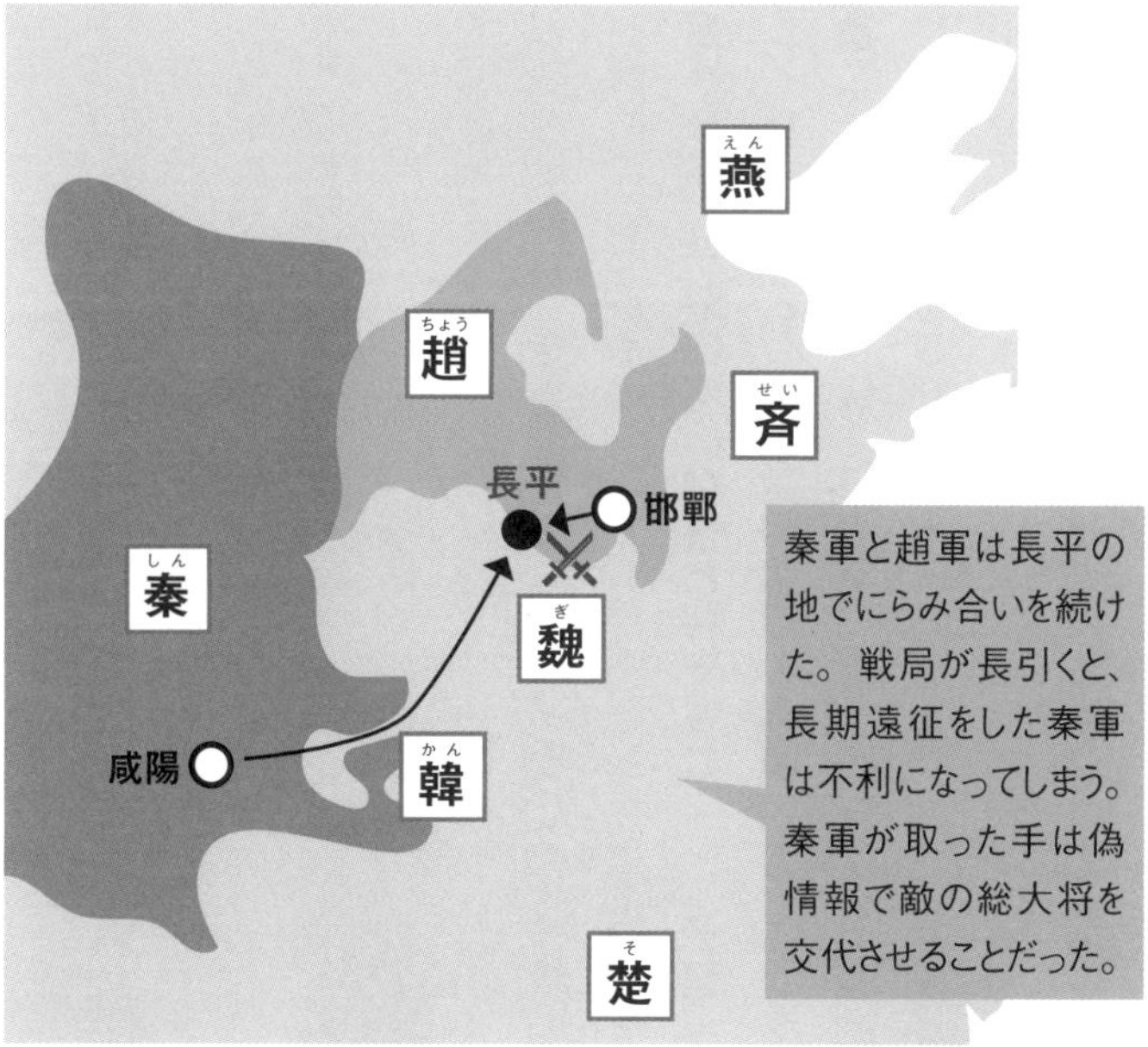
燕《えん》
趙《ちょう》
斉《せい》
長平
邯鄲
秦《しん》
魏《ぎ》
咸陽
韓《かん》
楚《そ》
秦軍と趙軍は長平の地でにらみ合いを続けた。戦局が長引くと、長期遠征をした秦軍は不利になってしまう。秦軍が取った手は偽情報で敵の総大将を交代させることだった。

秦

白起

趙軍に警戒されるのを防ぐため、白起が総大将になったことは伏せていた。

秦

王齕《おうき》

副将として長平の戦いにのぞみ、功績を立てた。王齕《おうこつ》という同名の武将もいて同一人物説がある。

人質だった始皇帝の父・子楚《しそ》の人生

〝奇《き》貨《か》居《お》くべし〟と人質から皇太子へ大躍進した生涯

秦の安国君《あんこくくん》（後の孝文王）の子どもの中に、人質として趙《ちょう》に送られた子楚《しそ》という名の公子がいました。戦乱の中で故郷・秦からの援助も乏しく、庶民よりも貧しい生活をしていましたが、呂不韋《りょふい》という商人に魅入られて、その運命が劇的に変わります。

この呂不韋は、子楚に強い個性と将来性とを見出し、パトロンとして子楚の生活を全面的に援助します。さらには、自ら秦に乗り込み、当時の皇太子である安国君の寵愛《ちょうあい》を受けていた華陽《かよう》夫人に近づきます。

子どもができないことを密かに悩んでいた彼女に、子楚のすばらしさと将来性とを売り込み、彼女の養子にさせたのです。同時に子楚本人の名声も高めるべく、積極的に趙の国の名士たちと交際させ、子楚の人気を現地において高めていきました。

趙における人望、呂不韋を背景とした経済力、そして華陽夫人の養子という箔《はく》をつけた子楚。やがて安国君が孝文王《こうぶんおう》として秦の君主となると、子楚も太子となり、名実ともに秦の後継者候補になりました。

人質から太子へ出世の階段を一気に駆け上がった子楚は、孝文王が亡くなると果たして即位し荘襄王《そうじょうおう》を名乗ります。**この荘襄王の子こそ、後の始皇帝となる嬴政《えいせい》です。**

子楚の名：はじめ子楚は異人と呼ばれていた。華陽夫人の養子となり、異人は安国君の跡継ぎに指名される。華陽夫人が楚の公女であったことから、子楚と改名したとされる。

始皇帝の父・子楚の家系図

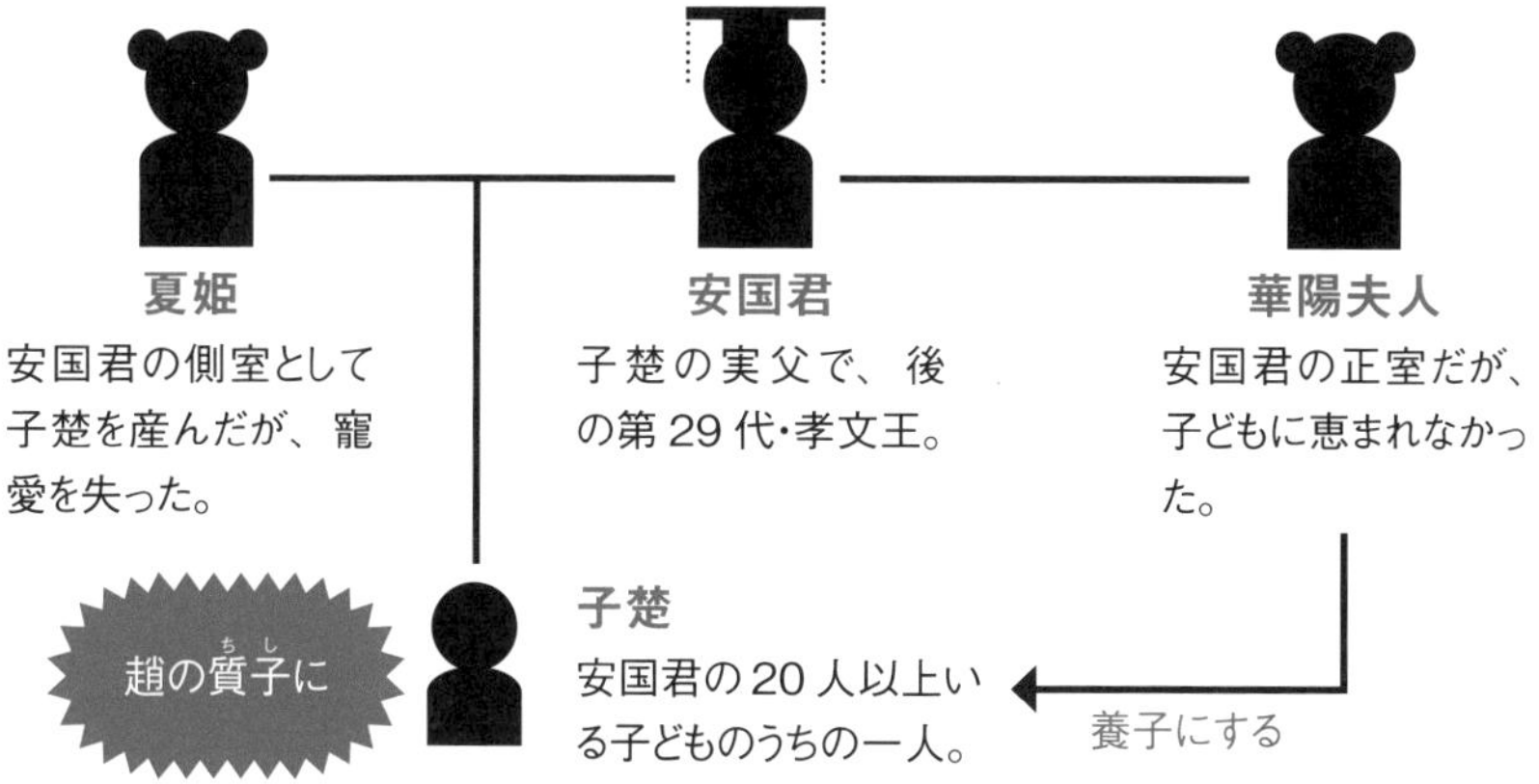
夏姫
安国君の側室として子楚を産んだが、寵愛を失った。
安国君
子楚の実父で、後の第29代・孝文王。
華陽夫人
安国君の正室だが、子どもに恵まれなかった。
趙の質子《ちし》に
子楚
安国君の20人以上いる子どものうちの一人。
養子にする

呂不韋が子楚と出会うまで

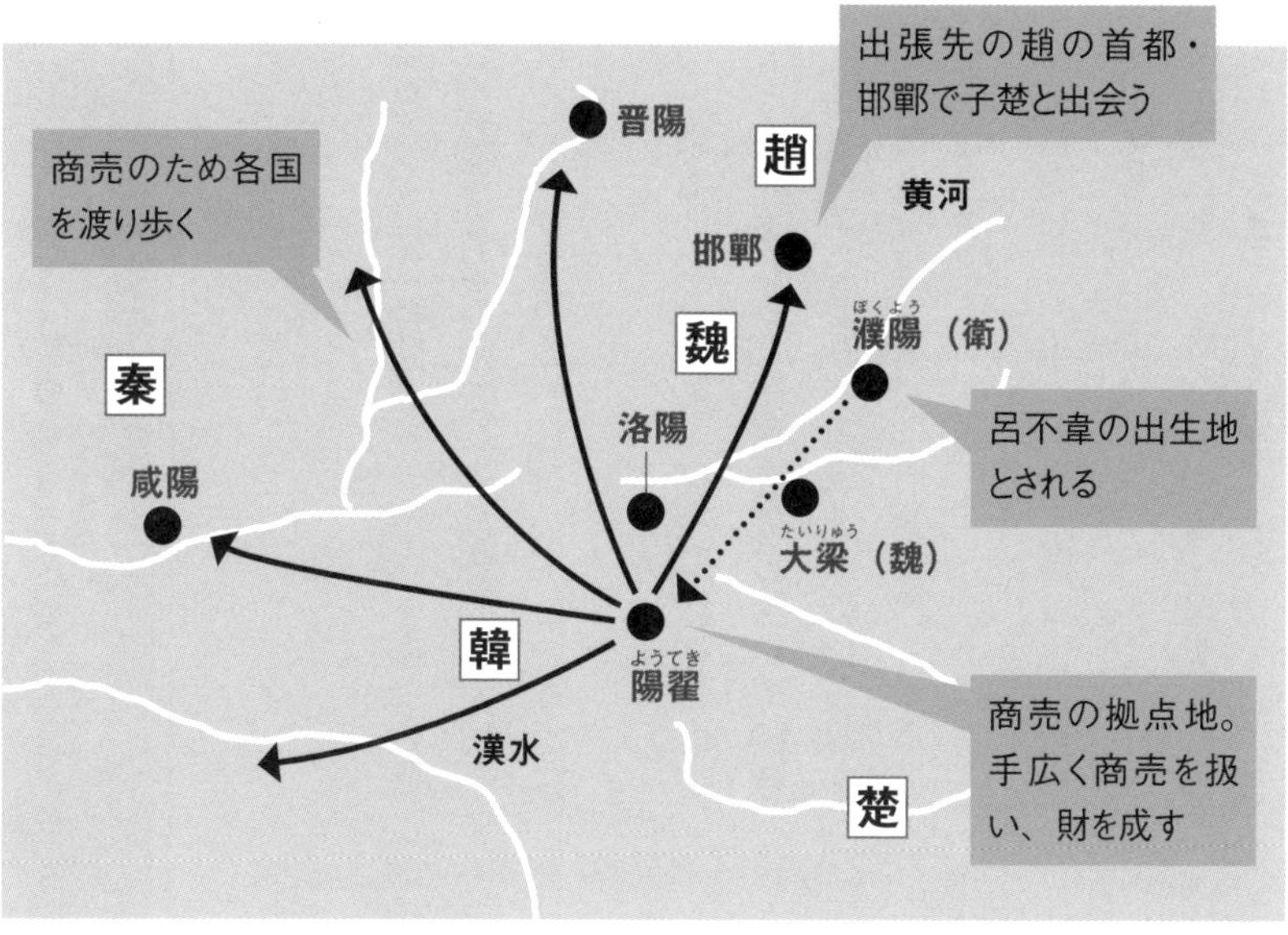
出張先の趙の首都・邯鄲で子楚と出会う
商売のため各国を渡り歩く
晋陽
趙
黄河
邯鄲
魏
濮陽《ぼくよう》（衛）
秦
洛陽
呂不韋の出生地とされる
咸陽
大梁《たいりゅう》（魏）
韓
陽翟《ようてき》
漢水
商売の拠点地。手広く商売を扱い、財を成す
楚

大商人・呂不韋《りょふい》と子楚《しそ》 運命の出会い

呂不韋は大金をつぎ込み、子楚の趙脱出という賭けに出る

趙《ちょう》の大商人であった呂不韋《りょふい》は、若い頃より各国を渡り歩き、塩や武器といった生活必需品を扱うことで富を蓄えていました。**その財力を惜しみなく子楚《しそ》に投資したのです。**

当時、秦の安国君《あんこくくん》には多くの美しい妻妾《さいしょう》と子どもたちがおり、子楚の母はすでに安国君の愛を失っていました。

趙での子楚は大変みすぼらしい身なりをしていたと伝わっています。**趙の人質にされた時点で、子楚は秦から捨てられたも同然で、王位を継承する可能性などありませんでした。**

しかし、呂不韋は子楚に価値を見出したのです。**「奇貨《きか》、居《お》くべし」**。呂不韋ははじめて子楚を見た際にこう呟《つぶや》いたといいます。奇貨とは珍しく貴重なものを指す言葉で、大切に取り置いておかないといけない、という意味です。

この言葉通り、その後、**呂不韋は戦乱の世の中で、守護者として子楚を守り抜いていきます。**紀元前258年、秦は子楚のいる趙を攻めて邯鄲《かんたん》を包囲。趙では子楚を殺害することが決まりました。

この一報を知るや否や、呂不韋は迅速に動きます。趙の役人を莫大《ばくだい》な金で買収し、子楚を秦へと逃亡させます。その妻子は豪族にかくまわせるなど一族の無事を計ったのです。

人質：戦国時代の人質（質子）は、後継の太子やほかの公子から選ばれ、相手国での生活は本国が援助する決まりだった。しかし、秦は他国への侵攻の最中であり、子楚は援助を受けられず、極めて貧しい生活を送っていた。

子楚が呂不韋の後ろ盾を持って即位するまで

呂不韋

呂不韋は華陽夫人に子楚の評判を伝えると同時に、養子につければ今後の地位は安定すると口説いた。

子楚が即位した後は、丞相の地位に就く

①工作資金を1000金用意

② 500金を子楚へ

趙国内にいる有力者と交際するよう指示。

③ 500金で珍品を買い集める

華陽夫人に謁見《えっけん》し、贈り物をすると同時に、子楚のすばらしさをアピール。

④子楚を華陽夫人の養子にする

華陽夫人は安国君に口添え。安国君は子楚を自分の後継者に選出。

子楚が太子に選出

子楚が趙を脱出

孝文王の死後、子楚が即位し荘襄王となる

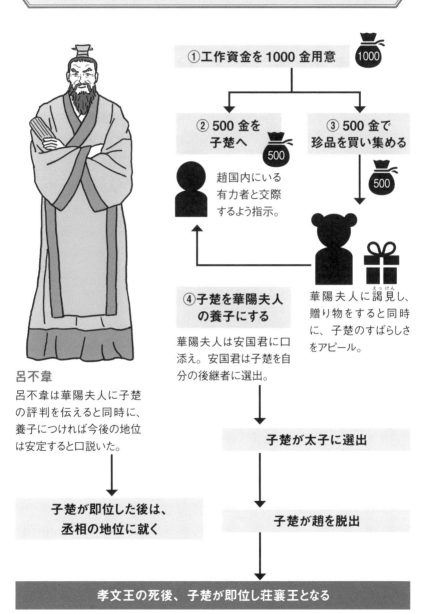

COLUMN 2

近年になって見直される始皇帝像

COLUMN1（24 ページ）では、マイナスイメージの始皇帝は『史記』によるものだと述べました。しかし、時代とともに、始皇帝への評価も変わったのです。

始皇帝の描かれ方は、儒家《じゅか》との関係がキーとなります。始皇帝は法家《ほうか》を採用して国づくりを進めましたが、『史記』を書いた司馬遷が修めていた儒教がやがて国教化されます。

始皇帝像が大きく変わるのは、1960年代の「文化大革命」によってです。このとき儒教は反革命的と見なされたため、始皇帝は一転、高く評価されることとなりました。

また、小説や映画といったエンターテイメント界での始皇帝像も興味深いものです。近年人気を博しているマンガ『キングダム』は、始皇帝を名君として描いています。ぜひ、いろいろな角度から始皇帝像を見比べてみてください。

PART 3

即位と7国統一までの戦い

後に始皇帝となる嬴政《えいせい》が即位してから、ほかの6国への侵攻が本格化します。わずか9年で6国を亡ぼし統一するまでの軌跡を追います。

生まれたときは人質の身だった

父・子楚《しそ》は秦へ脱出するが、母と子・嬴政《えいせい》は趙に置き去り

後に始皇帝となる嬴政《えいせい》は、紀元前259年に敵国・趙《ちょう》で誕生しました。嬴政の父は人質の子楚《しそ》であり、母は呂不韋《りょふい》の妾《めかけ》だった趙姫《ちょうき》です。

この趙姫については記録が少なく、姓も名も残っていません。呂不韋の館で趙姫を見初《みそ》めた子楚が、呂不韋から彼女を譲り受けて妻にしました。

司馬遷《しばせん》の『史記』には、趙や鄭《てい》の国には華やかに装いを凝らした女性が多く、琴を弾く素養も備えていたとあるので、趙姫も人を惹《ひ》きつける姿かたちのうえに、歌舞の才があったのでしょう。

趙姫が嬴政を出産した後、紀元前257年に秦の昭王《しょうおう》は趙に侵攻します。いつも戦場に身を置いていた昭王は、人質の子楚など気にも留めなかったようです。

趙において、秦の公子である人質の子楚を殺害せよ、という意見が過半数を占めます。しかし、**庇護者《ひご》である呂不韋《りょふい》の機転と財力で、子楚は命からがら趙からの脱出に成功。**

ただし、妻子の趙姫と嬴政は趙に取り残され、趙姫の親類の家にかくまわれます。呂不韋の配慮があったとはいえ、秦を憎む趙の大衆に取り囲まれた中で、母子二人が息をひそめて生きていくのは並大抵の気苦労ではなかったはずです。

趙姫：子楚が人質として預けられた趙出身の女性。娼婦《しょうふ》や踊り子だったといわれており、大商人・呂不韋の妾であった。

嬴政の家族構成

呂不韋

子楚の趙脱出を成功させた後、妾だった趙姫を子楚に嫁がせる。

愛妾（妊娠中だった）

趙姫を求める

趙姫

嬴政を身ごもったまま子楚と結婚。嬴政が即位した後には太后となる。

子楚

要望通り、趙姫を手に入れるも、趙姫は呂不韋との関係も続けたようだ。

韓の国の女性？

成蟜《せいきょう》

腹違いの弟。後に嬴政に対し反乱を起こす（64ページ参照）。

嬴政

母・趙姫が子楚に嫁いだときには妊娠していたというので、嬴政の父は呂不韋だという説もある。

9歳にして秦への帰国がかなう

父の子楚《しそ》は即位し荘襄王《そうじょうおう》となり、嬴政《えいせい》は皇太子となる

　趙《ちょう》から脱出して秦に戻った子楚《しそ》は、華陽《かよう》夫人の養子となります。そして数年後に昭王が亡くなると、華陽夫人の夫・安国君《あんこくくん》が孝文王《こうぶんおう》として即位。**子楚はついに秦の皇太子となったのです。**

　しかし父である孝文王は、なんと即位わずか3日後に突然死去します。皇太子になったばかりの子楚が、**今度は秦王・荘襄王《そうじょうおう》として即位することになったのです。**

　このとき、趙姫《ちょうき》と嬴政《えいせい》はまだ趙に潜伏中。かつて人質であった子楚が王になるという一報は趙を駆け抜け、妻子である趙姫と嬴政は急ぎ秦へと送り返されることになりました。

　時に嬴政は9歳。ようやく故郷である秦への帰国が実現しました。激動の乱世の只中、少し前まで捨て駒のように扱われていた子楚は秦の国王となり、**生誕以来ずっと母と子二人で息をひそめるように生きてきた嬴政は一躍、皇太子になったのです。**

　「奇貨居《きかお》くべし」と人質時代から子楚に投資し続けてきた呂不韋《りょふい》の努力は、ようやく実を結びます。

　子楚が荘襄王になると、呂不韋は丞相《じょうしょう》に登用されます。この丞相は当時の廷臣の中では最高位の階級。子楚は長年の呂不韋への恩に報いたのです。

孝文王：即位後3日で死去した、在位期間歴代最短の王。即位時は53歳だったといわれるが、即位して3日という短さのため、暗殺されたとする説もある。

嬴政が秦に帰国するまで

居住地：趙

昭王50年（前257年）
嬴政　3歳

邯鄲《かんたん》が秦に包囲され、嬴政親子に危険が迫るも、子楚は呂不韋により脱出。嬴政と母は取り残される。

↓

昭王50年（前257年）～
嬴政　3歳～

嬴政母子は趙姫と関係のある趙の豪族にかくまわれ、潜伏しながら生きのびる。

↓

居住地：秦

昭王56年（前251年）
嬴政　9歳

父の子楚が即位。嬴政は皇太子に立てられる。嬴政母子はようやく秦への帰還がかなう。

嬴政が帰国するまでに趙との間で起きた戦争

西暦	出来事
前 260	長平の戦い（50ページ参照）で、秦は趙に大勝。趙兵を大勢、穴埋めに
前 259	秦が趙の都・邯鄲《かんたん》を包囲（この年、嬴政が誕生）
前 258	趙への援軍である魏の信陵君《しんりょうくん》、楚の春申君《しゅんしんくん》が秦を破る
前 257	秦、邯鄲の包囲を解く（子楚が邯鄲を脱出）
前 256	秦、趙を攻撃し捕虜をとる。秦が趙に破れる
前 251	昭王が死去し孝文王が即位するも、3日で死去。翌年、子楚が即位

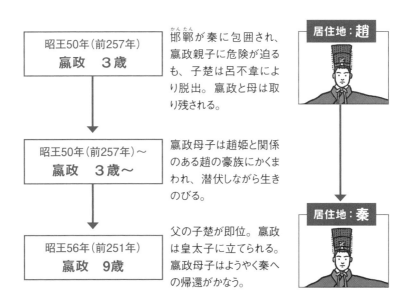

荘襄王《そうじょうおう》の死後、13歳にして即位

少年王・嬴政《えいせい》が誕生するも、実権は呂不韋《りょふい》の手に

子楚は荘襄王《そうじょうおう》として即位し、丞相である呂《りょ》不韋《ふい》と団結して各国への侵略を開始します。**荘襄王の業績で特筆すべきは、東周《とうしゅう》の滅亡と上党《じょうとう》の地の制圧です。**

荘襄王は前249年、すでに形骸《けいがい》化していた周の王族を討ち、東周を滅ぼします。さらに長平の戦いの舞台地・上党《じょうとう》の地を征服。上党郡などを設置して、領土を拡大します。

勢いのある秦に対して、趙《ちょう》、魏《ぎ》、韓《かん》、燕《えん》、楚《そ》は合従《がっしょう》軍を結成します。合従軍のリーダー魏の信陵君《しんりょうくん》は名将として名高い人物。この信陵君率いる合従軍の勢いに、さすがの秦も圧倒されて函谷関《かんこくかん》まで撤退を迫られました。

秦の領土拡大に奮闘した荘襄王ですが、即位してたった3年で死去。**跡を継いだのは、弱冠13歳の嬴政《えいせい》でした。前246年のことです。**

当時は直接政務をとれる年齢は17歳とされており、嬴政は即位後の長い間、いわばお飾りの王として王位に座っていました。親政開始は即位8年後のことでした。

嬴政に代わって国を動かしたのが、呂不韋です。荘襄王時代からの丞相としての実績に加えて、嬴政の代には、王の父親代わりという意味の「仲父《ちゅうほ》」という称号も得ていました。呂不韋は事実上、秦の最高権力者となっていたのです。

仲父：丞相に就任し「仲父」と呼ばれた呂不韋は前242年、魏を攻めて東郡を設置。前241年には、合従軍も撤退させ、再び魏を攻めて衛を支配下に置いた。政治手腕も優れていたといえよう。

嬴政が王となるまでの秦王

第26代
恵文王
即位年齢：19歳

縦横家の張儀を登用して秦の領土を拡大した。

第27代
悼武王《とうぶおう》
即位年齢：19歳

宜陽の戦いで韓を破った。武王とも呼ばれる。

第28代
昭王
即位年齢：19歳

優秀な人材を活かして弱小国だった秦を強大化させた。

第29代
孝文王
即位年齢：53歳

在位期間が3日間と短いため、業績はあまりない。

暗殺?
即位からあまりにも早い死だったため、暗殺説がささやかれている。

第30代
荘襄王
即位年齢：32歳

人質の身から一転、秦王となる。河外《かがい》の戦いで魏ら連合軍を破る。

暗殺?
32歳で即位したにもかかわらず、在位期間は3年と短かった。

第31代
嬴政（始皇帝）
即位年齢：13歳

歴代に比べても若い即位だったため、実際に体制を動かしていたのは呂不韋だった。

大人?　子ども?の当時の基準

庶民の場合だが、身長で大人の基準が決まっていた。男子は約150cm、女子は約140cm以下が子どもとされた。また、17歳で男子として戸籍に就くことができた。しかし、嬴政の場合は22歳のときだった。

即位時の体制

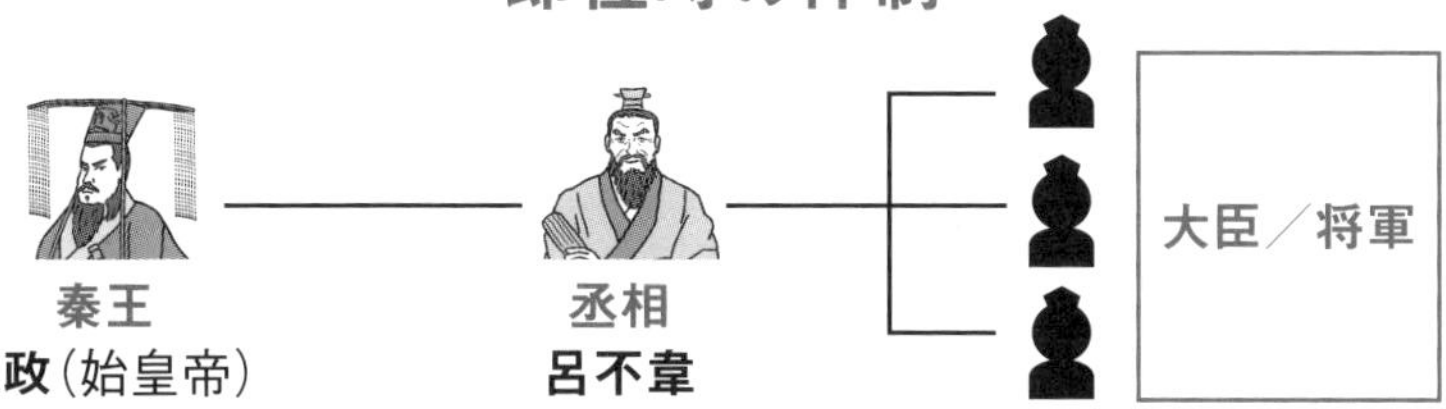

腹違いの弟・成蟜《せいきょう》の反乱

王弟の反乱は嬴政《えいせい》と身内の敵との争いのはじまりだった

嬴政《えいせい》には、腹違いの兄弟がいました（59ページ参照）。父の荘襄王《そうじょうおう》と韓の国出身の女性との間に生まれた成蟜《せいきょう》です。成蟜についての資料は少なく、嬴政との血縁以外には、長《ちょう》安君《あんくん》（公子のこと）に封じられていたということしかわかっていません。

王弟の成蟜は、前２３９年に趙《ちょう》を攻撃するために兵を率いて咸陽《かんよう》を出発しますが、その途中で屯留《とんりゅう》という地を制圧します。**この地で成蟜は突如として、兄である秦王・嬴政を倒すべく秦への反乱を起こしたのです。**

資料によると、この反乱には兵士だけでなく、屯留の民も同調していたようです。**乱はすぐに嬴政の知るところとなり、瞬く間に鎮圧されて、首謀者の成蟜は戦死**（屯留の城壁の中で自殺したとも伝わっています）。

このときに成蟜に従った部下たちはことごとく斬り捨てられ、成蟜に同調あるいは援助した屯留の民たちは西の辺境の地へ移されたといわれています。

軍の迅速な対応によりこの骨肉の争いは幕を閉じますが、**これは嬴政の身近な敵との戦いのはじまりでした。**少年王・嬴政の前には、さらに強大な身内の敵が立ちふさがるのです。66ページで述べますが、母・太后も嬴政の親政の妨げとなるのです。

屯留の民：成蟜に従った将軍が戦死して、一度は鎮圧されたものの、その部下で屯留出身の蒲鶮《ほかく》が再び乱を起こした。秦は部隊を送りこれも鎮圧。その死体を辱めたと記録にある。

謎多き始皇帝の弟・成蟜

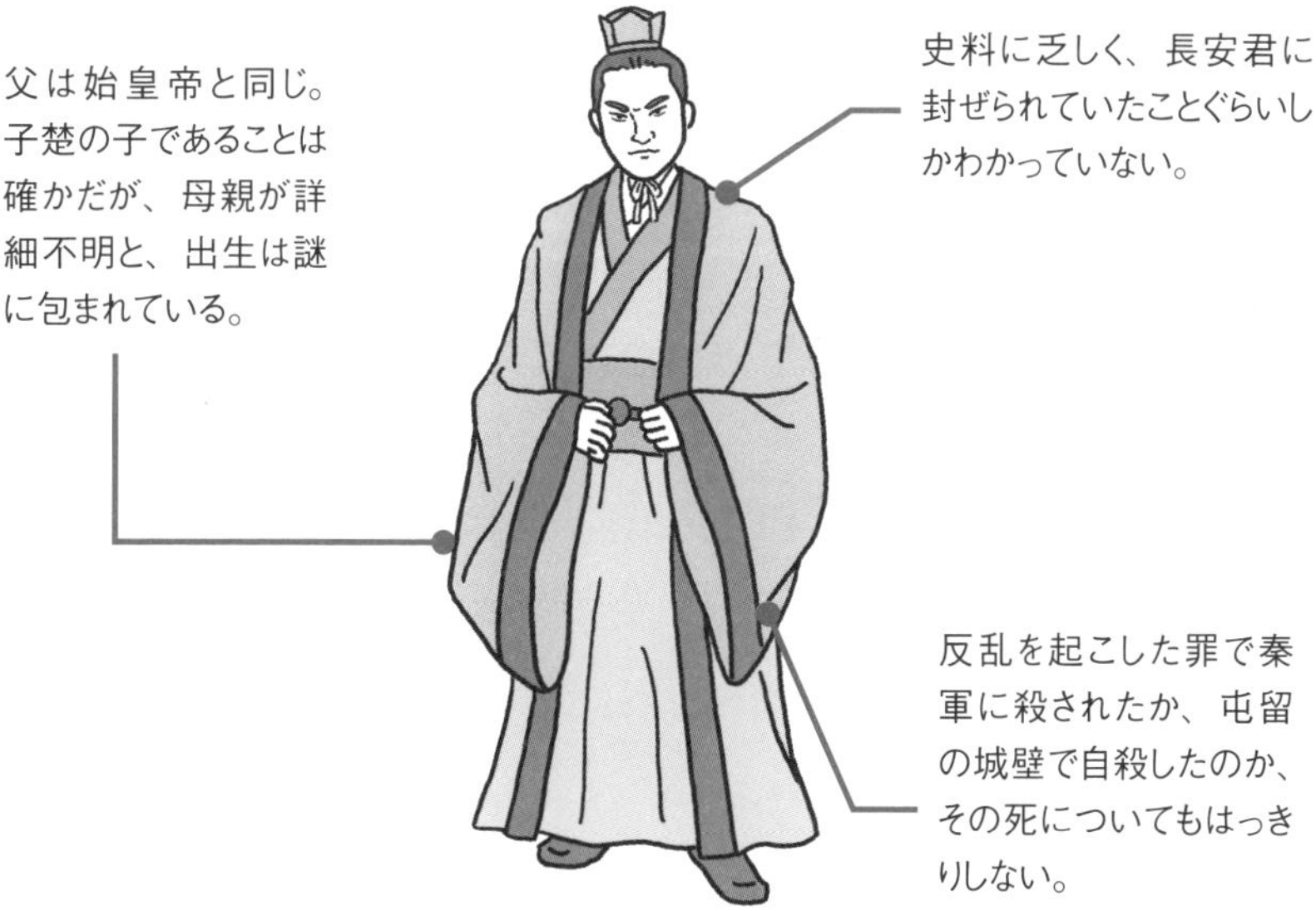
父は始皇帝と同じ。子楚の子であることは確かだが、母親が詳細不明と、出生は謎に包まれている。
史料に乏しく、長安君に封ぜられていたことぐらいしかわかっていない。
反乱を起こした罪で秦軍に殺されたか、屯留の城壁で自殺したのか、その死についてもはっきりしない。

成蟜の反乱の流れ

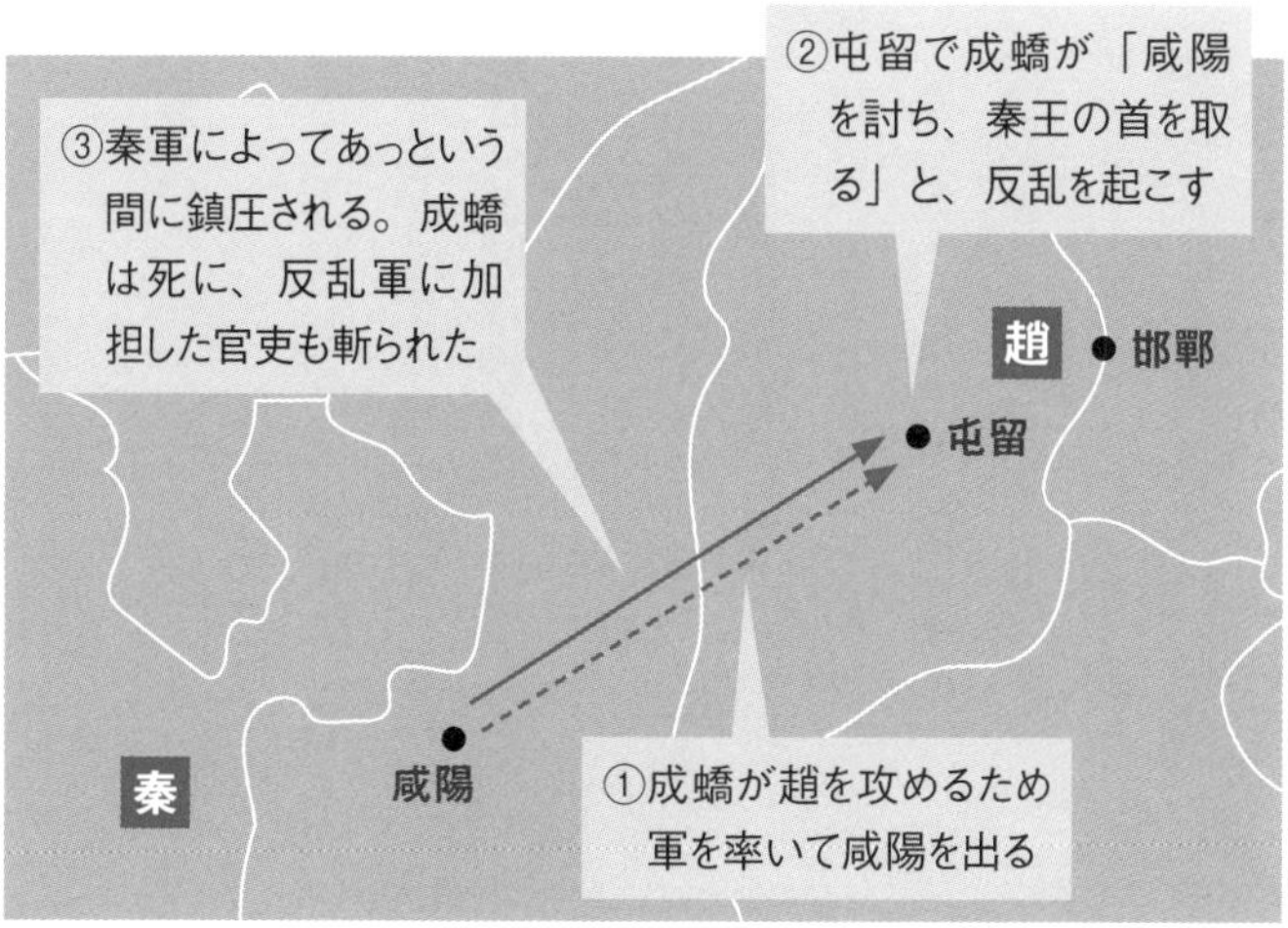
②屯留で成蟜が「咸陽を討ち、秦王の首を取る」と、反乱を起こす
③秦軍によってあっという間に鎮圧される。成蟜は死に、反乱軍に加担した官吏も斬られた
趙
邯鄲
屯留
秦
咸陽
①成蟜が趙を攻めるため軍を率いて咸陽を出る

「仲父」呂不韋《りょふい》との別れ

実権を取り戻し、絶対君主への道を歩みはじめた嬴政

嬴政《えいせい》は22歳でようやく王として統治を開始。しかし成蟜《せいきょう》に次いで、**今度は母・太后の愛人、嫪毐《ろうあい》が反乱を起こします。**

かつて呂不韋《りょふい》の妾であった太后は、秦で呂不韋との関係が再燃していました。しかし醜聞《しゅうぶん》が広まるのを恐れた呂不韋は、別の男を太后へあてがいます。これが嫪毐でした。

太后の寵愛《ちょうあい》を得た嫪毐は領地を治めるまでに出世し、太后の印璽《いんじ》で兵を集めて反乱を起こします。すぐに乱は鎮圧されますが、騒動のもとをたどれば、呂不韋の犯した過ちです。

法にもとづけば、呂不韋も連座制で処刑の対象でしたが、これまでの功績を考慮して丞相罷免《ひめん》と蟄居《ちっきょ》を命じられました。しかし、**処分を受けても呂不韋の名声は揺るがず、依然として屋敷には多くの客が訪れました。**

この事実を知った嬴政は、一通の手紙を呂不韋へ渡します。「秦に対しどんな功績をもって河南に10万戸の領地を与えられたのか。秦王家といったい何のつながりがあって仲父を称するのか。一族で蜀《しょく》へ行け」。それは嬴政から呂不韋への最後通牒《つうちょう》でした（前２３５年）。

手紙を受け取った呂不韋は、自ら毒を飲んで自殺したと記されています。**嬴政は、父の代からの恩人を葬《ほうむ》り去ることで、ようやく絶対君主としての道を歩みはじめたのです。**

蜀：当時の蜀は、蛮族が住む西の未開の地であり、非常に危険な場所であった。一族を引き連れて蜀へ行けという流刑の命令は、社会的な終わりを意味した。

母と「王の父親」呂不韋の排除まで

②乱はすぐさま鎮圧されて、山陽で嫪毐と二人の子どもは処刑される。

①嫪毐の拠点地。秦王が滞在していた雍の宮殿へ反乱を起こす。

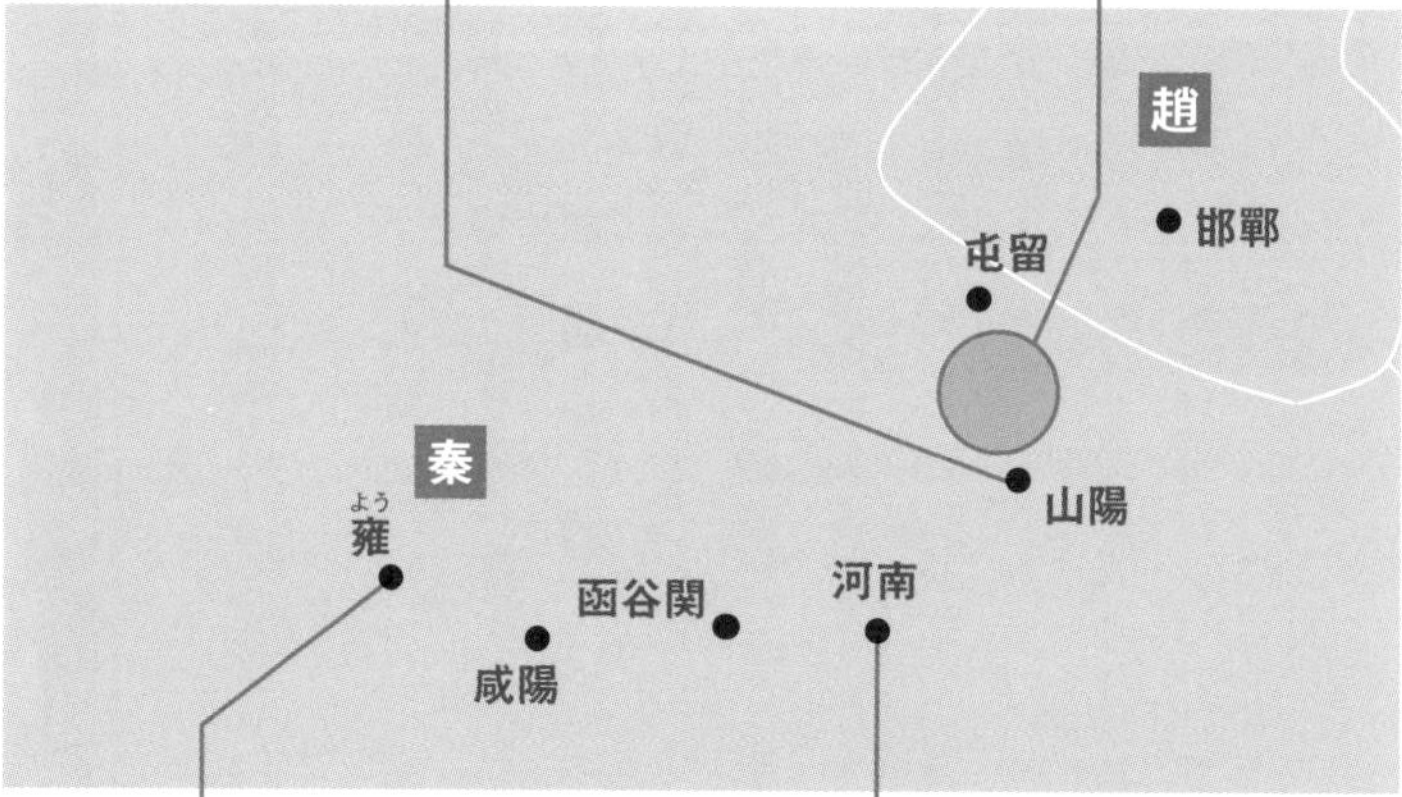

③母・太后は雍に幽閉。

④呂不韋は河南での蟄居を命じられるも、反省の色を見せないので蜀への移住を命じられる。河南の自宅で服毒自殺した。

鎮圧後のそれぞれの処遇

嫪毐

車裂きの刑

四肢を馬車につないで勢いよく引っ張るという、壮絶な処刑に遭う。

母・太后

幽閉

かつて秦の都だった雍への幽閉で済む。後に、解放され咸陽へと戻る。

呂不韋

蟄居

爵位の剥奪は免れ、蟄居中にもかかわらず多くの来客をもてなした。

反省の色なし

蜀への移住命令

これに観念して毒を漬け込んだ酒をあおって自殺

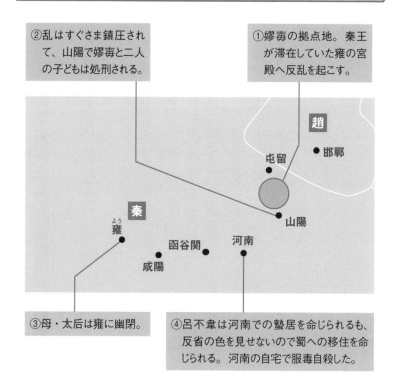

中国統一への道①

函谷関《かんこくかん》の戦い

この戦いで敗れた後、合従軍《がっしょうぐん》は結成されなくなる

秦王嬴政《えいせい》が6カ国を滅ぼして中国を統一していくまでには、多くの戦いがありました。**前241年、函谷関《かんこくかん》において、楚《そ》・趙《ちょう》・魏《ぎ》・韓《かん》・燕《えん》の5カ国の合従軍との戦いが起きました。**

函谷関とは秦の都、咸陽《かんよう》を東から守るための巨大な防壁であり、同時に秦領内に入るための玄関口でした。中国史上には、この函谷関を巡る戦いが幾度も登場します。

紀元前242年、秦の蒙驁《もうごう》が魏を攻撃し、酸棗《さんそう》・燕・虚《きょ》・長平《ちょうへい》・雍丘《ようきゅう》・山陽《さんよう》など20もの城を奪い、東郡を置きました。これにより斉《せい》を除く5カ国と秦は国境を接することに。

紀元前241年は趙・楚・魏・韓・燕が、秦を攻撃するための合従軍を組みます。合従軍は、戦国四君の一人である楚の春申君《しゅんしんくん》や趙の龐煖《ほうけん》といった名将が率いていました。

この合従軍は秦の寿陵《じゅりょう》を征服し、函谷関を総攻撃。対する秦軍は函谷関で迎え撃ちました。このとき、**全軍の指揮を執ったのは丞相《じょうしょう》、呂不韋《りょふい》だったといわれています。**

合従軍のほうが数は多かったのですが、秦軍が猛攻撃をはじめると合従軍は敗北。やがて合従軍は秦の味方である斉を攻撃して、饒《じょう》安《あん》を占領した後に解散します。

この戦い以降、合従軍は結成されることなく、秦による6国の併合が進んでいくのです。

函谷関：前241年の戦いより前に、合従軍による函谷関攻撃は過去3度あった。最初は前318年の趙、韓、魏、燕、斉と北方民族によるもの、2度目は前298年の魏、斉、韓によるもの、そして3度目は前247年の魏の名将、信陵君率いる5カ国によるもの。

天下の要害・函谷関の戦い

秦軍

蒙驁《もうごう》

確証がないが、過去の業績や年齢を踏まえると、蒙驁が最前線で戦ったのではないかと思われる。

VS

楚

春申君《しゅんしんくん》

戦国四君の一人である政治家。函谷関の戦いで敗北したのち、義兄に殺害された。

趙

龐煖《ほうけん》

武将であり兵家。正面からではなく、別働隊として間道から咸陽を目指した。

龐煖率いる4カ国合従軍と秦が対峙（合従軍を退ける）

春申君率いる5カ国合従軍と秦が対峙（合従軍の敗北）

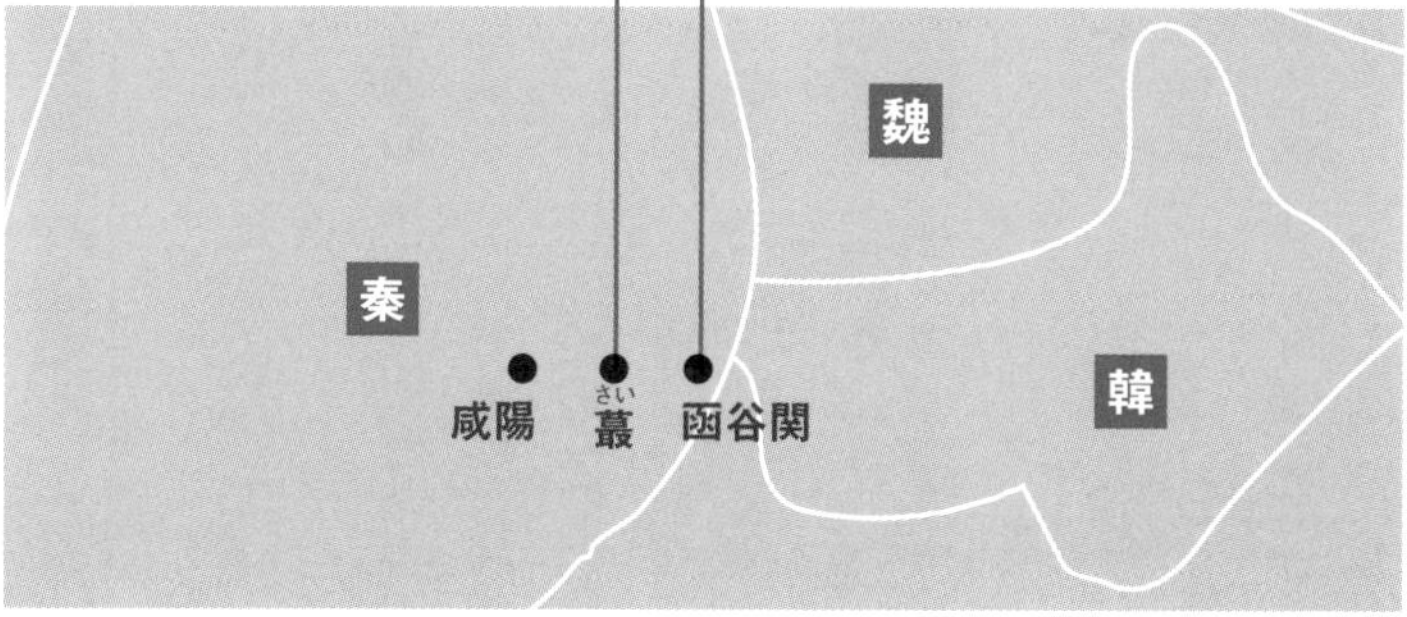

戦場での武器

霹靂車《へきれきしゃ》

てこの原理を活かして石などを投げつける攻城兵器。

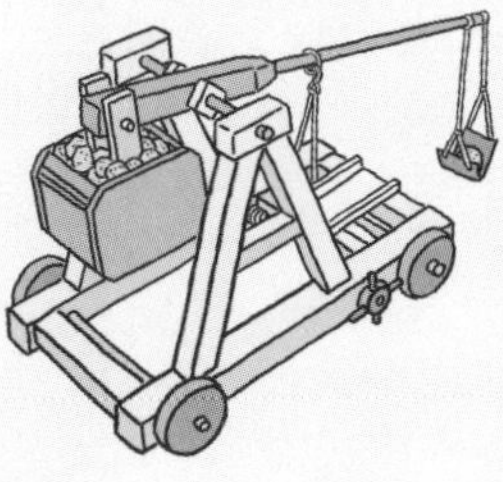

井蘭車《せいらんしゃ》

車輪の付いたやぐら。城壁に接近して、やぐらから弓兵を城内へ入れて戦った。

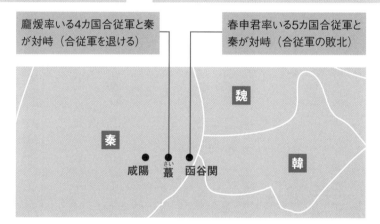

中国統一への道② 韓の滅亡

李斯の提言を受け、嬴政《えいせい》は前230年に韓を滅ぼす

「まず、韓《かん》を征服すべし」という参謀《さんぼう》・李斯《りし》の言葉を受け、前237年に秦王嬴政《えいせい》は韓を攻略すべく動き出します。

これを察した韓王の安《あん》は、状況回避のため思想家として名高い韓非《かんぴ》を使者として、秦王の説得に当たらせました。しかし、**韓非の才能を嬴政が欲していることを知った李斯は、韓非を投獄して自殺に追い込みます。**

韓王の安は秦を懐柔すべく、さらに領土である南陽《なんよう》の地を献上しますが、効果なし。また、韓は鄭国《ていこく》を送って秦で灌漑《かんがい》事業を行なわせて、秦の国力を疲弊させせようと試みますが、この企みが発覚。

艱難辛苦《かんなんしんく》の末に完成したこの水路は、**そのできのよさから鄭国渠《ていこくきょ》と呼ばれ、三大水利施設の一つとなり、皮肉にも秦にさらなる富を与える結果となりました。**

紀元前230年、秦の内史《ないし》である騰《とう》は10万の大軍を率いて韓へと侵攻しました。騰は、韓の都である新鄭《しんてい》を落とし、韓王安を捕虜にします。そして、この地を潁川《えいせん》と名を変えて秦の統治下に置きます。

こうして韓は、七雄の中で最初に秦によって滅ぼされました。後に反乱が起きますが、秦はこれも即座に鎮圧。韓王の安は別の地へと移され、その地で殺されたといいます。

韓非：韓の公子、思想家。その書『韓非子』はわかりやすい説話から教訓を引き、権力の扱い方とその保持について説いた。「孤憤篇《こふんへん》」「五蠹篇《ごとへん》」に感銘を受けた秦王嬴政は、韓非を自身の配下にしようと考えていた。

韓への攻略と使者・韓非

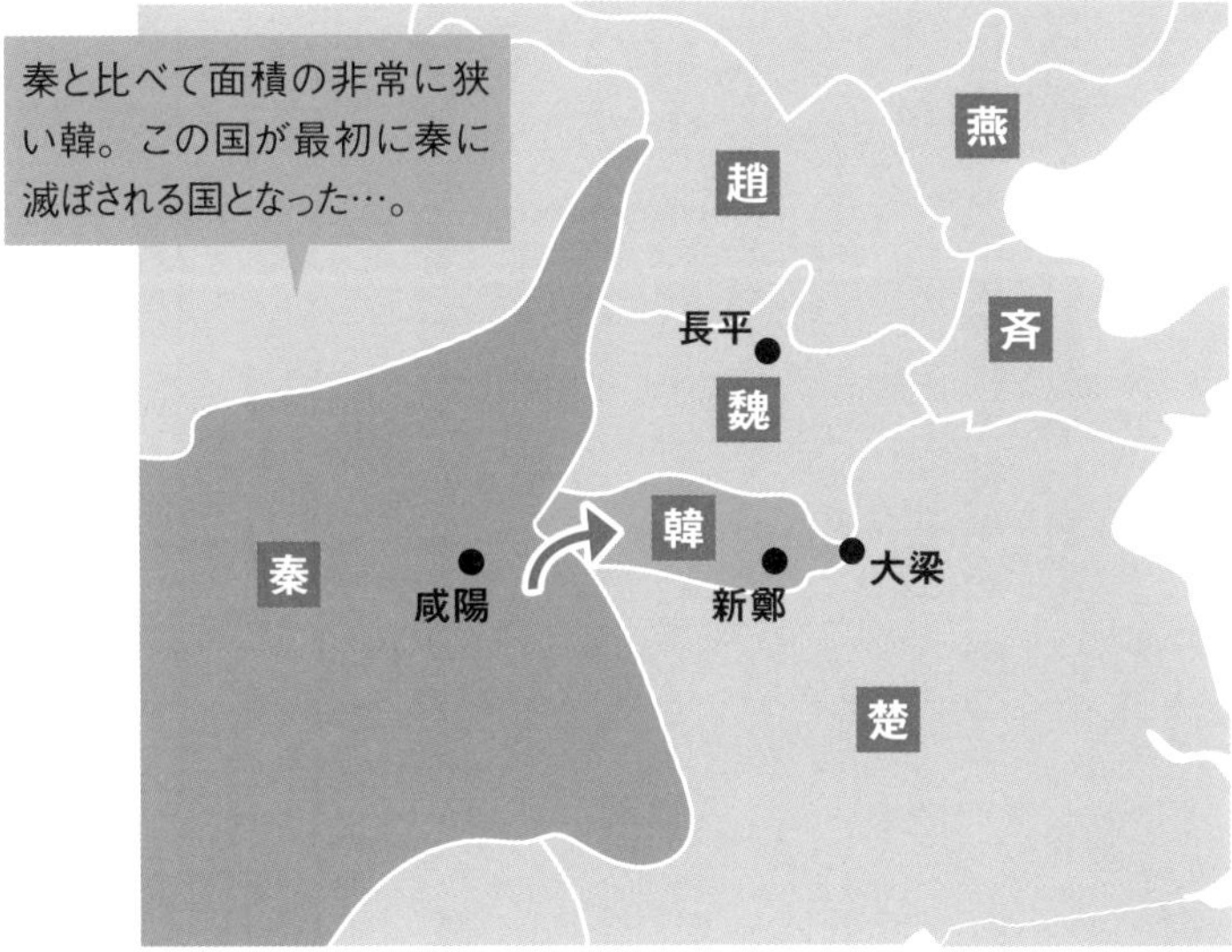
秦と比べて面積の非常に狭い韓。この国が最初に秦に滅ぼされる国となった…。
燕
趙
斉
長平
魏
韓
秦
咸陽
新鄭
大梁
楚

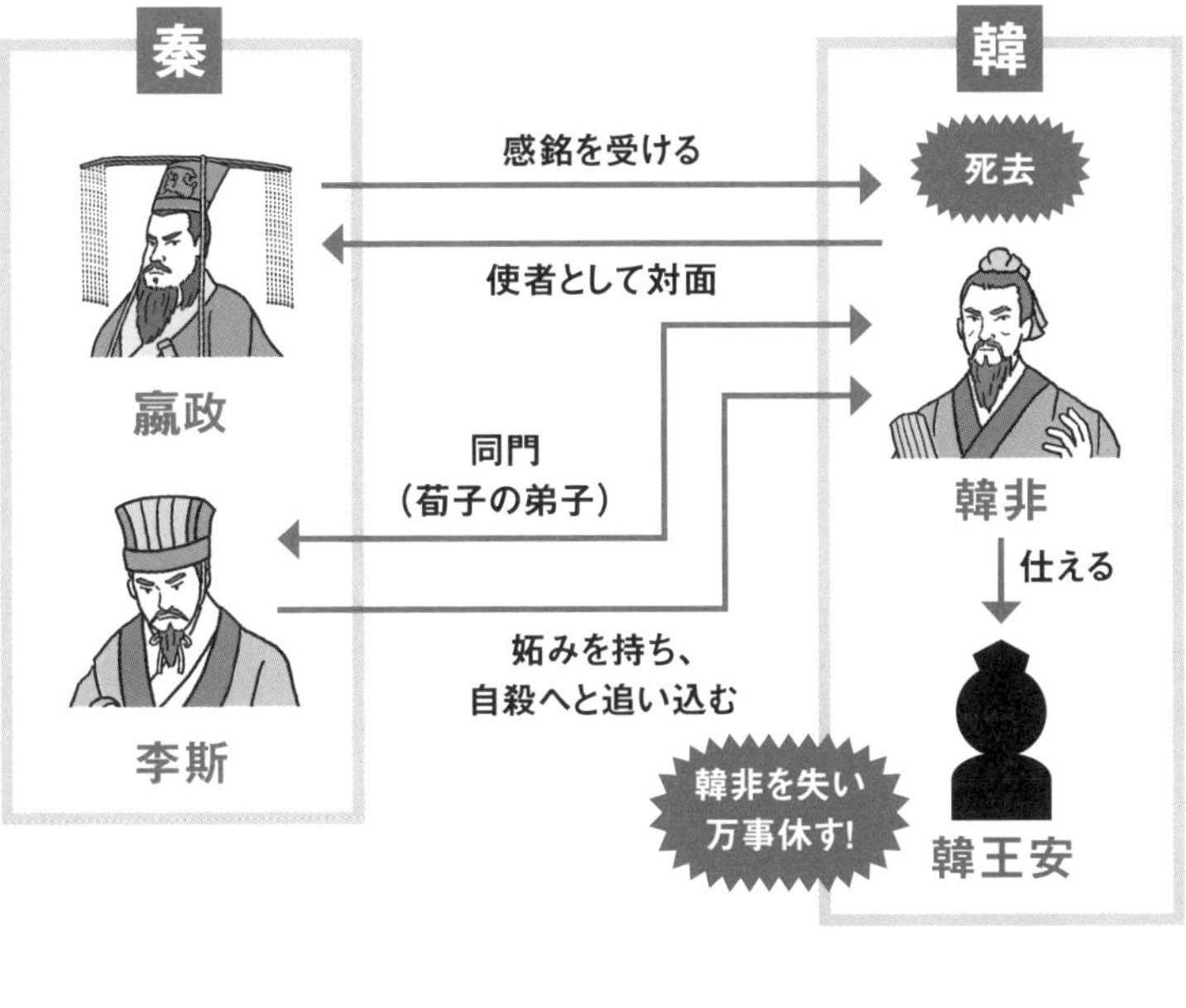
秦
韓
感銘を受ける
死去
使者として対面
嬴政
同門
(荀子の弟子)
韓非
仕える
李斯
妬みを持ち、
自殺へと追い込む
韓非を失い
万事休す!
韓王安

中国統一への道③ 趙の滅亡

秦の謀略により名将・李牧《りぼく》は殺され、趙は滅亡した

趙《ちょう》の李牧《りぼく》は、傾きつつあった趙を支えていた名将です。かつて秦が趙の赤麗《せきれい》および宜安《ぎあん》に侵攻したとき、李牧はこれを撃退しました。

前232年に秦は趙の番吾《ばんご》を攻めますが、このときも李牧によって退けられています。李牧は秦から韓《かん》・魏《ぎ》の国境まで領土を奪い返し、その勢力を南に押し返したのです。

戦国末に秦の軍隊を退けた将軍は、趙の李牧と楚《そ》の項燕《こうえん》だけといわれています。いかに李牧が優れた将軍だったかがわかります。

前229年に秦王・嬴政は王翦《おうせん》に大軍を任せて趙に侵攻させます。長年、李牧に手を焼いてきた秦は、**趙の幽繆王《ゆうぼくおう》（遷）と李牧の信頼関係を内側から壊す作戦を立てました。**趙王の側近の郭開《かくかい》を利用して王に、「李牧と司《し》馬尚《ばしょう》が謀反《むほん》を企《くわだ》てている」と伝えさせ、李牧の讒言《ざんげん》を言わせました。

内心、李牧の軍事の才を怖れていた幽繆王は、讒言を信じて李牧を更迭《こうてつ》しようとします。しかし李牧は王命を拒み、やがて王命によって暗殺されました。

幽繆王は将軍の顔聚《がんしゅう》に命じて秦との戦いを続けましたが、大敗。李牧亡《な》き今、秦にとって恐れる者は何もありませんでした。**前228年、ついに趙の都、邯鄲《かんたん》が陥落。幽繆王と顔聚は捕虜となり、趙は滅亡しました。**

邯鄲：征服者として生まれ故郷の趙に戻った嬴政は、幼少期の人質時代に、母の実家を敵視していた者たちを次々に捕らえて穴に生き埋めにしたと『史記』にある。嬴政の気性の苛烈さを伝える記述である。

趙への攻略と活躍した武将

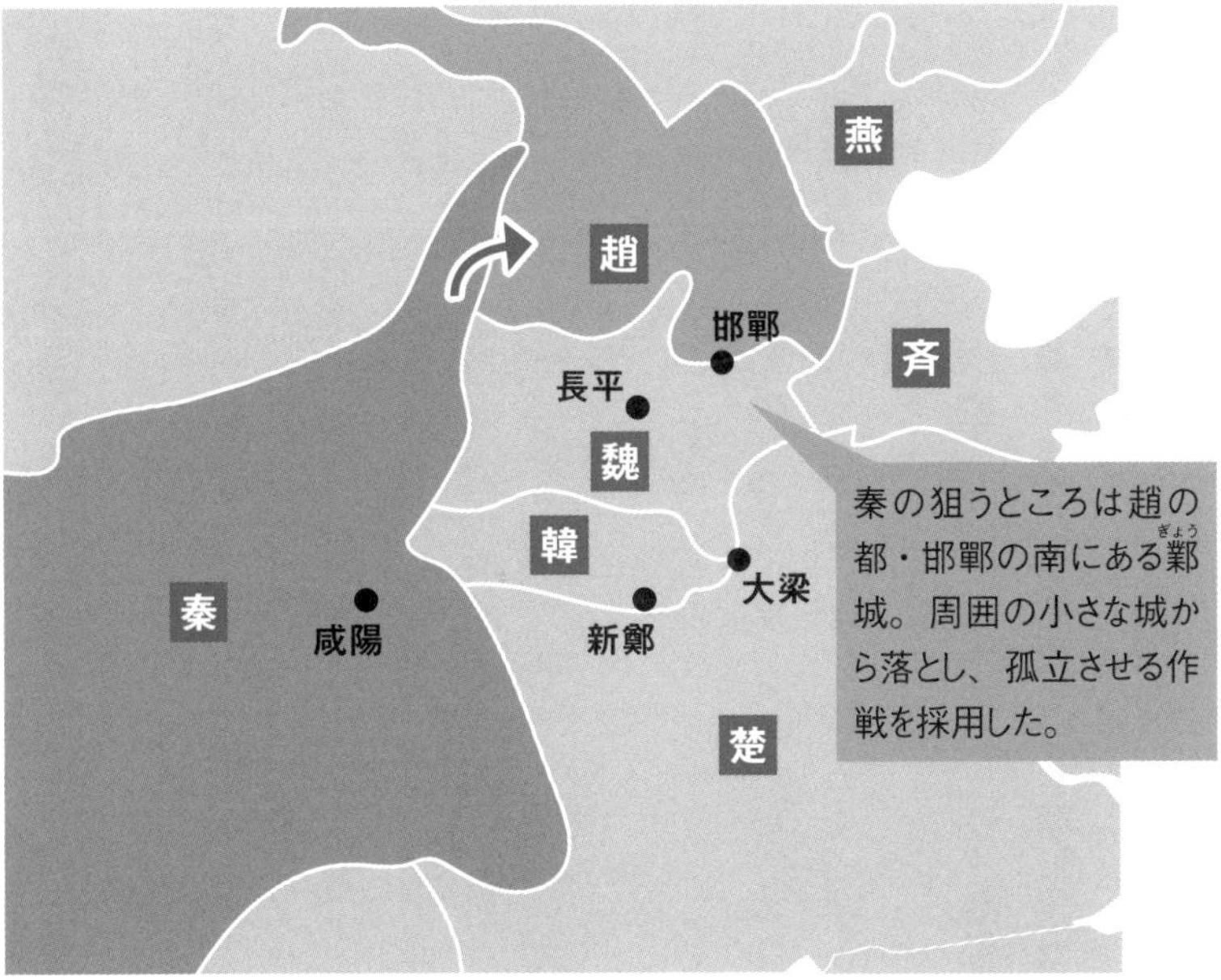
燕
趙
邯鄲
斉
長平
魏
韓
大梁
秦
咸陽
新鄭
楚
秦の狙うところは趙の都・邯鄲の南にある鄴《ぎょう》城。周囲の小さな城から落とし、孤立させる作戦を採用した。

秦軍

王翦

趙に攻め入り、重要拠点を次々と攻略した名将。趙だけではなく、この後の楚の滅亡にも戦果を上げた。

桓齮《かんき》

王翦の副将として参加した後、邯鄲を孤立させる攻略で主将に就く。破竹の勢いだったが、李牧に惨敗する。

VS

趙軍

李牧

「守戦の名将」と呼ばれた知将。秦の武将・桓齮を破ったが、王翦に買収された寵臣《ちょうしん》の讒言のせいで殺されてしまう。

秦王嬴政《えいせい》の暗殺計画が発覚

燕からの刺客、荊軻《けいか》が暗殺を企てるも失敗に終わった

趙を滅亡に追い込んだ秦は、燕《えん》への攻撃を開始。武力では秦に太刀打ちできないことを知っている燕の太子《たいし》・丹《たん》は、**公式の使節を装って刺客の荊軻《けいか》を送り込み、秦王嬴政《えいせい》の暗殺を計画します。**

前227年、荊軻は秦に献上するための督《とく》亢《ごう》という土地の地図と、秦の裏切り者・樊於《はんお》期《き》の首を携えて嬴政への謁見《えっけん》に臨みました。荊軻の供の者は箱を差し出そうとしますが、秦王の迫力を前に身動きできません。

荊軻は「この者は天子の威光を前に目を向けられないのです」とごまかしつつ、自ら地図と首が入っている二つの箱を手に進み出ました。

受け取った嬴政が巻物の地図を紐解くと隠してあった匕首《あいくち》が現れ、荊軻はそれを手にすると一気に嬴政へ襲いかかります。

嬴政は身をかわして逃げようにも手間取り、長剣も抜けず思うように動けません。秦の官僚たちは武器の所持を禁じられていたので、遠くから叫ぶしかありませんでした。

とっさに従医が投げた薬袋が荊軻に当たり、我に返った嬴政が自ら剣を抜き、荊軻を斬り伏せます。捕縛された荊軻はすでに絶命していましたが、その遺体は粉々になるまで切り刻まれたといいます。

荊軻：出発の日、死を覚悟して詠んだ「風蕭々《かぜしょうしょう》として易水寒《えきすいさむ》し。壮士《そうし》ひとたび去《さ》ってまた還らず」という詩は有名。見送りの者は喪服とされる白装束を身にまとい、易水《えきすい》のほとりまで荊軻たちにつき従ったという。

秦王最大の危機　燕による暗殺未遂事件

秦

嬴政

蔡沢《さいたく》

燕出身の政治家で、秦の宰相として活躍した。燕との同盟を成立させ、太子・丹を質子とした。

燕

太子・丹

燕王の太子。幼い頃、嬴政とともに邯鄲で質子として過ごした。秦と燕の同盟が成立した後、秦の質子として冷遇されたことから、嬴政をうらんだ。

荊軻

燕出身の刺客。太子・丹から暗殺の依頼を受け、嬴政との謁見時に暗殺を企てた。

恨む

幼少時、
質子仲間
だった

暗殺を
依頼

暗殺を計画

同盟を結ばせる

荊軻の計画は…

荊軻は秦が賞金を懸けていた逃亡者の首と肥沃な土地の地図を手土産に秦を訪れる。

↓

荊軻は隠し持っていた刀で暗殺を試みる（写真の左側が秦王）。

↓

殺害に失敗。荊軻は斬殺される。

↓

燕の滅亡に拍車がかかる!

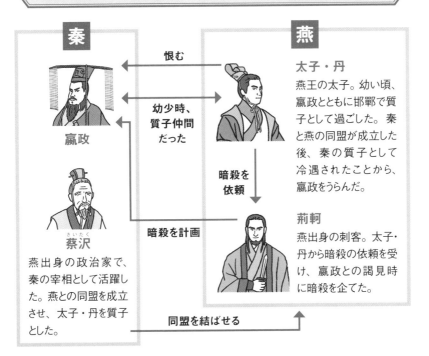

魏への侵攻と征服（前225年）

王賁は黄河から水を引き、魏の都を水攻めにした

前225年、王賁《おうほん》を将軍とする秦軍は魏への攻撃を開始。魏王らは都である大梁《たいりょう》の城に立てこもり籠城《ろうじょう》戦になりました。

王賁は黄河から水を引いて大梁を水攻めにしました。このときのことを『史記』では「河や溝の水を大梁に注ぎ入れた」と記しています。つまり、黄河の灌漑《かんがい》水路を決壊させ、都市に水を引き込んだのです。

この時代の黄河は大梁の北約70キロの地点にあり、そこから水を引くというのは並大抵のことではありませんでした。

しかし、かつて韓から送り込まれた鄭国《ていこく》のおかげで、秦には鄭国渠《ていこくきょ》と呼ばれる水利施設が完成しており、水を利用するための必要な技術をすでに習得していました。

兵糧の補給路を断たれ、水攻めされた城内の貯えだけで過ごすならば、魏がどれほど奮戦しようとも陥落まで時間の問題でした。

魏は3カ月ほど持ちこたえるも、秦を撃退する力はなく、ついに大梁は陥落。魏王假《か》は捕虜になり、魏は滅亡しました（前225年）。

もし強い援軍が魏に到着し、水を引く際に堤防が崩れるなどしていたら、秦軍に大きなダメージを与えたことでしょう。**状況を判断して水攻めを選び成功させた王賁。将軍としての力量の勝利でした。**

水攻め：長い時間と大量の労働者を必要とする攻撃法。作業の最中に敵へ強力な援軍が来れば、苦労は台無しになる。しかし当時、楚は防衛に専念し、斉は傍観していた。魏への援軍は来ないと王賁は看破していたのである。

かつての大国・魏への攻略

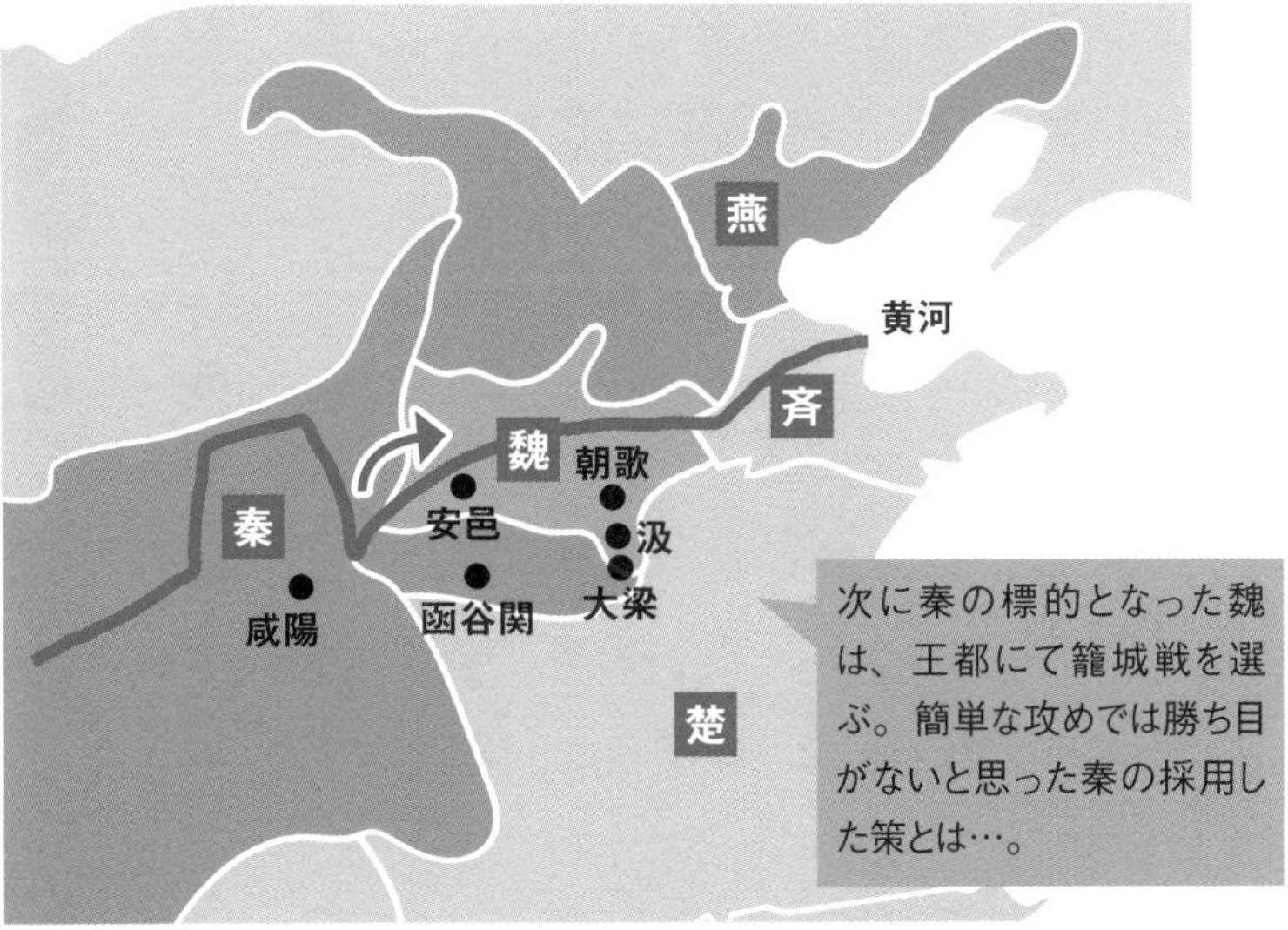

次に秦の標的となった魏は、王都にて籠城戦を選ぶ。簡単な攻めでは勝ち目がないと思った秦の採用した策とは…。

秦

VS

王賁

秦の中国統一に大きく貢献した名将・王翦の子で、王賁自身も武勇に優れた武将だった。魏の首都・大梁を水攻めにする作戦をとる。王賁は中国統一後、始皇帝の巡行に同行した。

魏

信陵君《しんりょうくん》

魏の昭王の子。門下に食客3000人を集めたといわれ、楚の春申君らとともに「戦国の四君」と呼ばれた。武勇にも優れ、幾度も秦軍を破ったが、秦の間者の流言で失脚。失意のまま亡くなった。

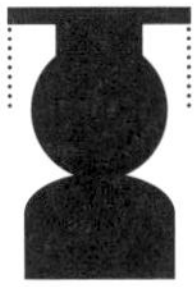

魏王・假《か》

かつては戦国最強といわれた魏。前241年の函谷関の戦いで敗れてからは、敗北を重ねていた。援軍をあてに籠城戦に打って出る。

信陵君を失った魏は風前の灯火だった

楚への侵攻と征服（前223年）

楚の名将・項燕《こうえん》は死力を尽くすが、老将・王翦《おうせん》の前に完敗した

　大国楚の制圧にどれほどの兵力が必要か、嬴政《えいせい》は二人の将軍に尋ねました。一人は若手の李信《りしん》、もう一人は老将軍の王翦《おうせん》です。**李信は「20万で十分」、王翦は「60万は必要」と答えました。**

　嬴政はこのとき、若く勇猛な李信の案を採用し、彼に20万の兵を預けて侵攻を命じます。前225年、李信と副将軍の蒙恬《もうてん》は不眠不休で進軍。部隊を二手に分けて楚国へ侵攻しました。

　李信は平輿《へいよ》、蒙恬は寝丘《しんきゅう》を攻めて楚軍を大破。李信は引き返して西へ向かい、蒙恬と合流します。しかし、そこで楚軍の奇襲攻撃に遭い、多くの秦兵を殺されて敗走。李信は主君嬴政に助けを求めます。

　李信敗北、この一報を知った嬴政は王翦の屋敷に自ら赴き、援軍を丁寧に依頼します。満を持して60万の大軍を率いて楚に侵攻した王翦は、楚の大将軍、項燕《こうえん》の軍を奇襲して楚軍を大破し、楚王の負芻《ふすう》を俘虜《ふりょ》とします。しかし、**項燕は諦めず、負芻の異母兄弟・昌平《しょうへい》君《くん》を担ぎ出して戦いを続けました。**

　翌年、王翦は再び楚軍への攻撃を開始します。**昌平君と項燕は秦軍との激闘の末、戦死します。前223年に、ついに大国楚は滅亡しました。**

王翦：60万は秦の全軍であり、もし将軍が謀反を企めば成功する規模である。王翦は嬴政から警戒されぬよう、陣中から嬴政に幾度も使者を送り、貰える恩賞の確認を繰り返し、慎重に当たった。

南方の大国・楚への攻略

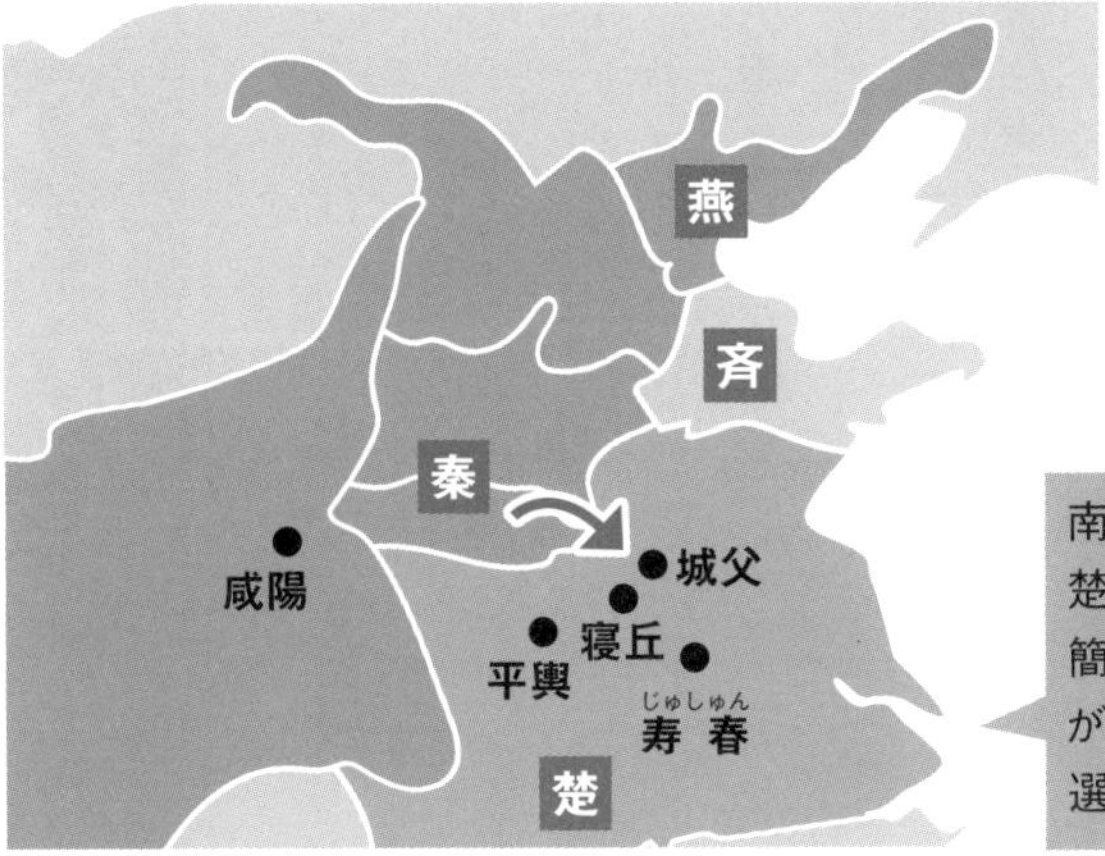

南に広い国土を持つ大国・楚との戦いがはじまった。簡単に勝てる相手ではないが、嬴政はここで思わぬ人選ミスをおかしてしまう…。

秦軍

王翦

李信

蒙恬

VS

楚軍

昌平君

もとは秦の敵国・楚の公子。秦の右丞相として活躍したが、前226年、罷免された。前223年、異母兄弟の楚王・負芻が秦に捕らえられ、楚が滅亡すると、項燕により楚王に立てられ、秦に背いた。しかし、王翦・蒙武《もうぶ》に敗れて戦死した。

項燕

秦軍の主将が李信から王翦に変わり敗退を喫したが、最後まで勇敢に抵抗を続けた猛将。昌平君は戦死し、項燕も自害。後に秦を滅亡させる項羽や劉邦は楚の人で、項羽の育ての親・項梁は実子である。

燕への侵攻と征服（前222年）

自らの暗殺計画に嬴政《えいせい》は激怒、燕への侵攻を開始した

燕《えん》の太子《たいし》・丹《たん》は、人質時代の咸陽で冷遇されたという苦い思い出に加え、破竹の勢いで諸国を征服していく秦を怖れて、**前227年に嬴政《えいせい》の暗殺を画策します。**

入念な計画を練り刺客の荊軻《けいか》を送り込みますが、失敗。荊軻はその場で斬殺されました。**丹の仕業と知った嬴政は激怒し、将軍・王翦《おうせん》に命じて燕への侵攻を開始します。**

燕は趙滅亡のときに代《だい》へ逃亡した、幽繆王《ゆうぼくおう》公子（72ページ）の代王嘉《だいおうか》と団結して秦を迎え撃ちました。しかし、王翦《おうせん》率いる秦軍に敗北。**前226年には燕の国都、薊《けい》が陥落し、丹と燕王喜《き》は遼東《りょうとう》へ逃れました。**

丹の最期には諸説あり、追ってきた秦の将軍・李信《りしん》に捕縛されたという説と、秦王の怒りを鎮めるため燕王喜が丹を殺し、その首を献上したという説があります。

燕の首都を制圧し、暗殺首謀者であった丹の殺害にも成功した秦は、遼東に潜伏している燕王喜の追跡はひとまず中止し、楚《そ》の攻略に乗り出します。

前223年に、王翦によって楚が滅亡すると、その翌年、嬴政は王翦の子、王賁《おうほん》に遼東への侵攻を命令します。もはや燕に抵抗する力は残っておらず、燕王喜は捕らえられ、燕は滅亡したのです。

太子・丹：燕王喜の子。幼少期、嬴政とともに人質として趙の町で過ごしたが、後に燕と秦の同盟が成立し、丹は人質として秦へ送られる。秦で粗略に扱われて、嬴政への怒りを抱いていた。

秦王暗殺計画が燕滅亡の呼び水に

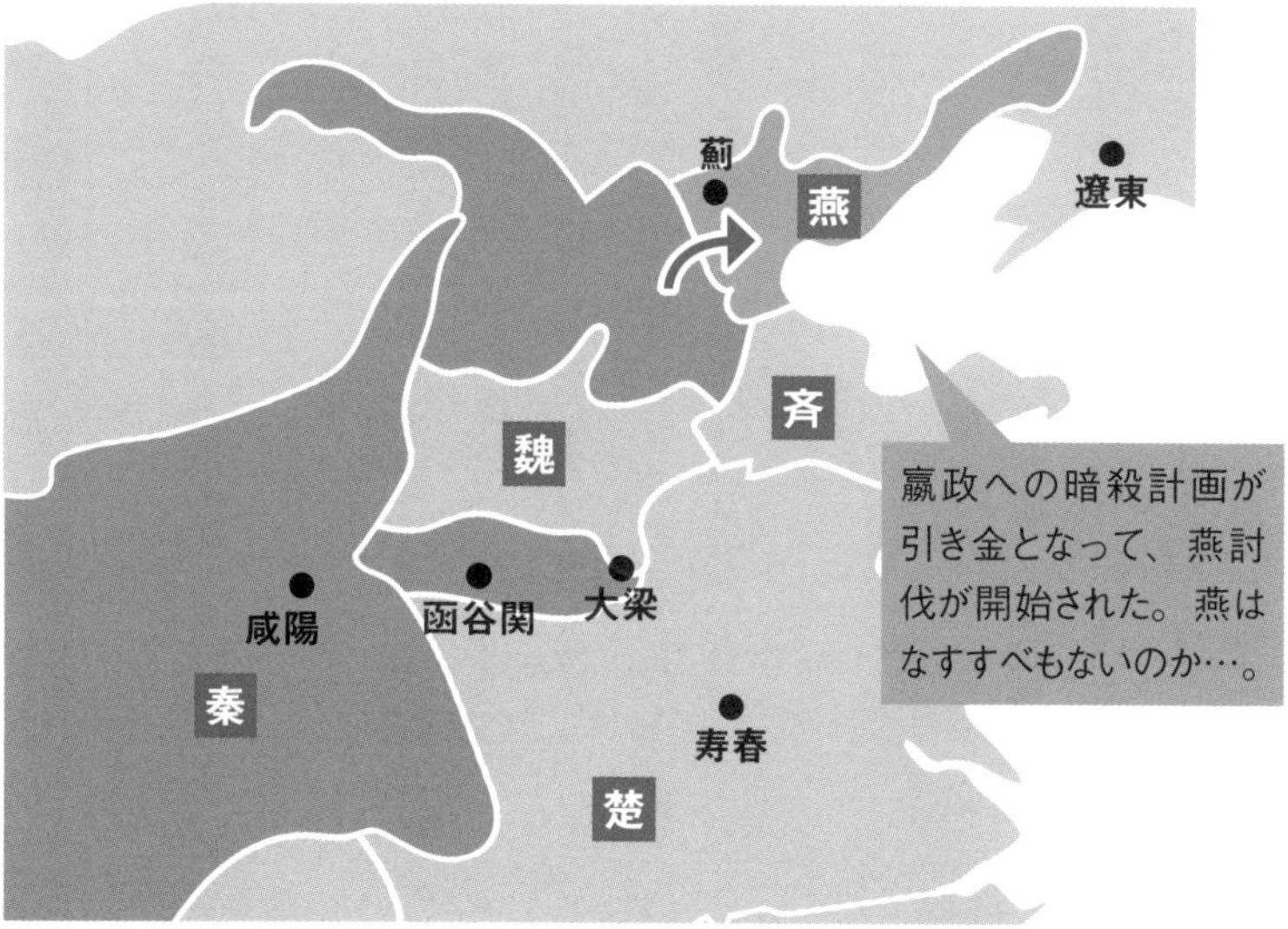
薊
燕
遼東
斉
魏
咸陽
函谷関
大梁
秦
寿春
楚
嬴政への暗殺計画が引き金となって、燕討伐が開始された。燕はなすすべもないのか…。

秦　燕

李信
蒙恬
王賁
VS
太子・丹
荊軻

秦王暗殺計画の失敗により、秦王の怒りが頂点に。燕討伐を王翦らに命じる。前226年、首都の薊を陥落する。

燕王は僻地《へきち》・遼東へ逃れ、太子丹の首を捧げたという説がある。遼東へは李信と王賁の軍が差し向けられた。燕王は捕らえられ、燕は滅びることに。

斉《せい》への侵攻と征服（前221年）

一戦も交えずに秦に降伏した斉王建《けん》

秦は5カ国を滅ぼし、残るは東の果てにある斉《せい》、1国のみとなっていました。

しかし長年、秦は斉とは戦わず、外交によって斉の動きを封じるという方法を選んできました。**巨額の賄賂《わいろ》を斉の上層部へ贈り、秦に有利なように王へ働きかけるという方法です。**

この方法は成功し、宰相である后勝《こうしょう》をはじめ、斉王建《せいおうけん》に影響力を持つ賓客《ひんきゃく》たちはことごとく秦に買収されていました。**秦と交戦中の国から援軍を依頼されても助けないという傍観者的な態度を、斉は貫いてきたのです。**

ところが、次々と5カ国を征服していく秦の軍事力を目の当たりにし、次は斉に攻めてくるかもしれないという不安に襲われます。疑心暗鬼になった斉王建と后勝は兵を出し、西の防御を固め、秦との連絡を絶ってしまいました。

嬴政《えいせい》は長年の信頼関係が破綻したとみなし、すぐ反応します。秦軍は斉軍の主力が集結した西部を避け、燕に駐留させていた李信《りしん》ら将軍を南下させて斉に侵攻しました。

斉の都、臨淄《りんし》が秦軍に包囲されたと知った斉王建は、一戦も交えずにすぐさま降伏。斉はここに滅亡し、6カ国すべてを秦が制圧したのです。

斉への外交策：嬴政は、斉が同盟関係を壊したと批判している。昭王の時代から続く「遠交近攻策」により、秦は斉を軍事制圧せず、斉が国境封鎖しなければ残しておくつもりだった可能性が高い。

あっけなく滅びた6国最後の斉との戦い

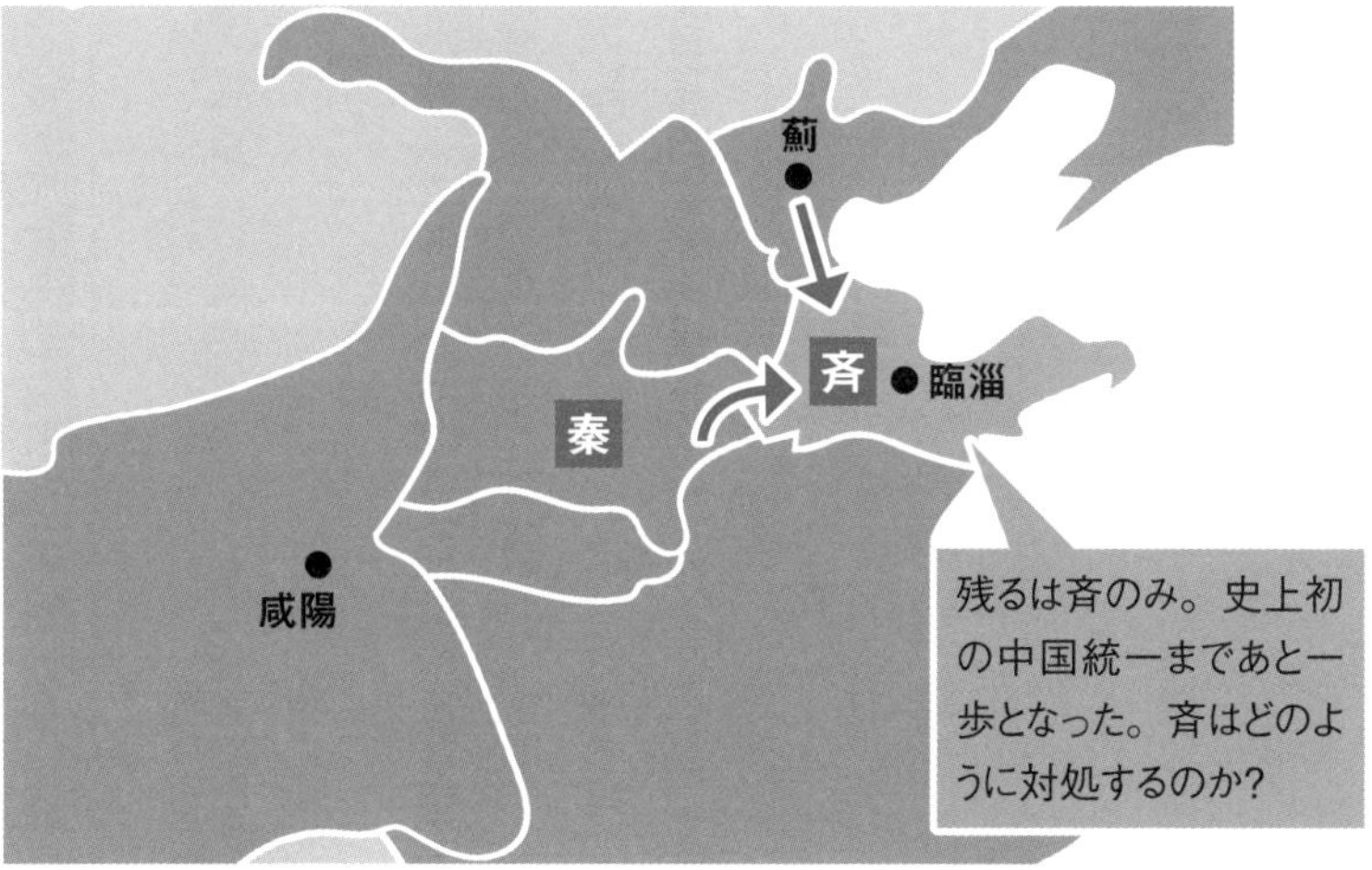
薊
斉
臨淄
秦
咸陽
残るは斉のみ。史上初の中国統一まであと一歩となった。斉はどのように対処するのか?

秦軍

李信　王賁　蒙恬

李信、王賁、蒙恬の軍は薊から攻め入り、首都・臨淄で斉王建を捕らえる。

VS

斉

斉王建

5国が亡びるのを傍観。秦軍が国境まで迫ると、西の国境を閉鎖したが、旧燕の薊から攻めてきたことを知るとおとなしく降伏。

斉のその後
～楚漢戦争時の斉～

斉王の末裔《まつえい》・田儋《でんたん》が陳勝《ちんしょう》・呉広《ごこう》の乱に呼応して蜂起するも討たれる。

↓

秦の滅亡後、項羽によって斉が三分割される。

↓

田儋の従兄・田栄《でんえい》が不満を持ち反旗を翻す。

↓

劉邦《りゅうほう》の部下・韓信《かんしん》が斉を制圧し、斉王となる。

↓

韓信の楚王移封に伴い、劉邦の子・劉肥《りゅうひ》が斉王に。

たった9年で中国全土の統一を果たす

軍事力で中国を統一し、数々の統一政策を繰り出していく

前２２１年、40歳を目前にした嬴政《えいせい》はついに中国を統一しました。**前２３０年にまず韓を滅ぼしてから、わずか9年という早さでした。ここに春秋戦国《しゅんじゅうせんごく》時代以来の群雄割拠の時代は、終焉《しゅうえん》を迎えたのです。**

天下統一を果たした際の大義名分は、「邪悪な習俗の国を討って、支配に苦しむ人たちを解放し、秦が安泰をもたらす」というものでした。これは後に建てられた刻石にもそう刻まれます。

嬴政は自らを「六王を禽滅《きんめつ》し」と自信に満ちた調子で語っています。ここで嬴政は自らの呼称を変えます。

13歳で即位したときの嬴政の称号は「王」でしたが、今や諸国の王の一人ではなく、**すべての王たちを征服した頂点にいる立場として新しい称号を必要としていたからです。**

パート1でも述べたように、「始皇帝」と名乗ります。秦王に即位してから26年目、親政開始から18年目のことでした。

夏《か》にはじまる中国の歴史は、**「２０００年におよぶ王政の時代」から、「以降２０００年にわたる帝政の時代」へと舵《かじ》を切ります。**

こうして、始皇帝と名を変えた嬴政は、領土内へ新しい国の誕生を知らしめるべく、数々の統一政策を押し出していくのです。

六王禽滅：嬴政は捕虜にした諸国の王を殺さず、別の場所に移した。余生を平和に過ごした王もいる。国の終わりは、王が降伏して退位することで、王個人の生死はあまり関係がなかったようだ。

たった9年で統一するまで

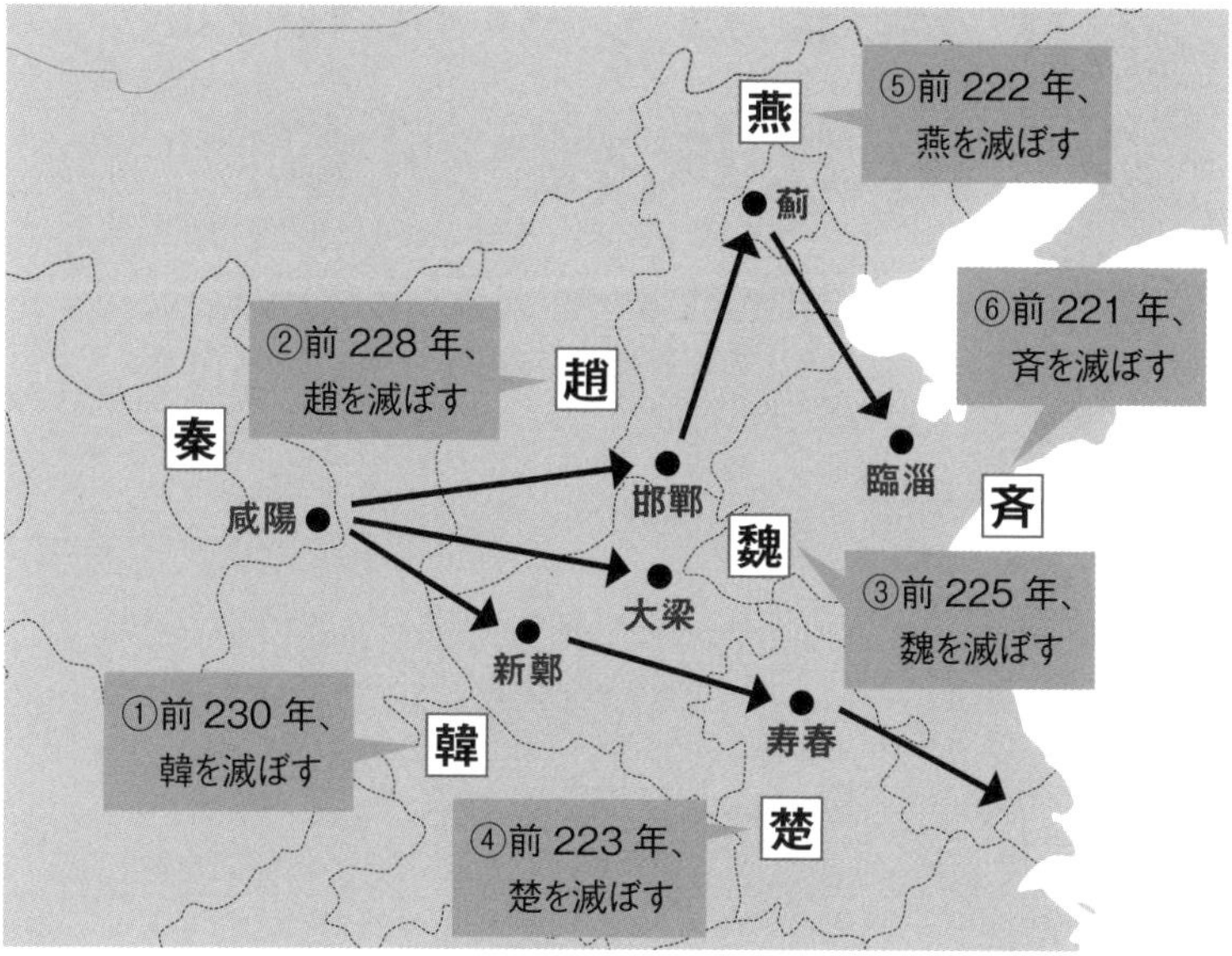
燕
⑤前 222 年、
燕を滅ぼす
薊
⑥前 221 年、
斉を滅ぼす
②前 228 年、
趙を滅ぼす
趙
秦
咸陽
邯鄲
臨淄
斉
魏
③前 225 年、
魏を滅ぼす
大梁
新鄭
寿春
①前 230 年、
韓を滅ぼす
韓
楚
④前 223 年、
楚を滅ぼす

6国の王たちのその後

韓王安《かんおうあん》

韓都・新鄭陥落時に捕虜となり、別の地に遷され、後に死去。

趙 王遷《ちょうおうせん》
（幽繆王）

捕虜となり、湖北省の地に流される。

魏王假《ぎおうか》

魏の都・大梁が陥落後に捕虜となる。投降後に処刑されたともされる。

楚王負芻《そおうふすう》

楚の都・寿春が陥落後に捕虜となる。その後の消息は不明。

燕王喜《えんおうき》

都が陥落した際、太子の首を差し出し、遼東に逃亡するも捕まる。

斉王建《せいおうけん》

陥落時に捕虜となり、河内郡の地へ。そこで余生を送ったとされる。

COLUMN 3

中国を苦しめ続けた遊牧民族・匈奴

始皇帝、広く言えば中国王朝の敵は中国国内だけではありませんでした。北アジアの草原地帯に居住し、優れた騎馬技術を持つ遊牧民族とも激しく抗争してきたのです。

北アジアで興亡を繰り広げてきた遊牧騎馬民族の中でも、前3世紀～前2世紀、勢力を伸ばしたのが匈奴《きょうど》です。トルコ系かモンゴル系と見られ、始皇帝が中国を統一した頃、匈奴もまた部族を統一し、東アジア初の遊牧国家を築きました。

前 215 年、始皇帝は将軍の蒙恬《もうてん》を派遣して匈奴を攻撃し、その南下に備えて万里の長城を修築します。

匈奴は秦滅亡後の前 200 年には、漢の高祖（劉邦《りゅうほう》）を白登山《はくとさん》の戦いで破り、隆盛を極めたものの、漢・武帝の制圧を受け、前 54 年には東西に分裂。西匈奴は前 36 年に滅亡し、東匈奴は漢に服属します。

PART 4

始皇帝を支えた将軍・賢臣たち

たとえ始皇帝に王としての才能やカリスマ性があったとしても、一人で中国統一はかないません。その陰には優秀な家臣がいました。

李斯《りし》

始皇帝を支えた陰の相棒

法家思想で始皇帝にさまざまな改革を提案、実行した

始皇帝（嬴政《えいせい》）の右腕で、背後には必ずその姿があったといわれるのが、宰相の李斯《りし》です。**郡県制や文字の統一などの改革を提案・推進していたことから、本当は李斯が始皇帝を動かしていたという説もあるほどの人物です。**

もとは楚《そ》で小役人をしていましたが、若い頃に立身出世を志して、『韓非子《かんぴし》』の著者で知られる韓非とともに荀子《じゅんし》のもとで学びました。

その後、**秦に移って呂不韋《りょふい》の食客になると、その才能を認められて、郎《ろう》に抜擢。**やがて、始皇帝に仕える身となりました。

紀元前237年に、他国出身の嫪毐《ろうあい》が反乱を起こした際に、始皇帝は他国人を国内から追い出そうとする「逐客令《ちくかくれい》」を出しました。そのとき李斯は、**「秦は他国人の力を借りて大きくなった国である」と、他国人の重要性を説いた嘆願書を提出します。**

この出来事によって、李斯は始皇帝の信頼を獲得。**始皇帝が中国を統一すると、宰相に取り立てられました。**

始皇帝が亡くなると、李斯は保身のために宦官《かんがん》の趙高《ちょうこう》の企《くわだ》てに乗って、出来の悪い末子の胡亥《こがい》を二世皇帝に推薦。しかし、皇帝に即位した胡亥の愚行に進言を続けた結果、皇帝に嫌われてしまいます。さらに趙高の中傷を受けて、死刑となりました。

立身出世のきっかけ：楚の小役人時代、便所でおびえながら汚物を食べるネズミと、兵糧庫で人目を気にせず堂々と穀物を食べるネズミを見て、才能よりも場所が重要だと思い、出世を誓ったのだとか。

始皇帝の頭脳・李斯

韓非とともに荀子のもとで帝王治世の術を学び、秦の呂不韋の舎人（召使）となった。

呂不韋の失脚にのまれることなく、郎（王の近侍兼護衛）、長史《ちょうり》（幕僚長）、客卿《かくけい》（他国出身の大臣）、廷尉《ていい》（最高裁長官）と出世を重ね、最後は丞相《じょうしょう》に就いた。

丞相就任後は、始皇帝の統一政策を推し進め、第一の功臣となる。

外国人を追放する逐客令の排除

鄭国《ていこく》事件（19 ページ）や嫪毒《ろうあい》の乱をきっかけに、外国人を追放するという逐客令が発令。しかし、自身も他国の者である李斯は、秦でいかに他国の人が貢献したのかを説く文書を始皇帝に提出。始皇帝は逐客令を取り下げた。

名文には自信あり

逐客令反対文書は名文だったため、始皇帝の心を動かしたといわれているが、処刑前に胡亥に出した最後の弁明書もかなりの力作だったという。

蔡沢《さいたく》

4代の秦王に仕えた外交官

范雎《はんしょ》を説得して宰相に就き、早々に引退したキレ者

始皇帝を陰で支えた人物の中で、**始皇帝の曽祖父にあたる昭王（昭襄王《しょうじょうおう》）の時代から秦王に仕えたベテラン臣下がいました。**それが、**持ち前の弁舌を武器に宰相にまで出世した蔡《さい》沢《たく》です。**

燕《えん》に生まれた蔡沢は、遊学しながら学問を学び、士官することを目指していました。しかし、どの国にも採用されませんでした。

秦を訪れたときに、蔡沢は自身を**「世にも珍しい知恵者で、昭王に重用されていた宰相の范雎《はんしょ》にとって代わる逸材だ」という噂《うわさ》を流します。**

そして范雎に、商鞅《しょうおう》や呉起《ごき》などの、国に忠誠を尽くしながら無残な死を遂げた偉人たちを例にあげて引退を勧めました。

納得した范雎は、昭王に蔡沢を推薦。自分の後継者として宰相に就かせました。

宰相になって数カ月が過ぎると、蔡沢のことを妬《ねた》む者が現れはじめました。身の危険を感じたため、病気を理由にして、早々に宰相の座を返上します。**その後は剛成君《ごうせいくん》と名乗り、4代にわたって秦王に仕えました。**

始皇帝に仕えているときは、陰の外交官として暗躍。中国統一を目指して他国と戦う中、**蔡沢は3年という年月をかけて、燕との同盟を成功させました。**

昭王：始皇帝の曽祖父。若くして王となり、波乱万丈な半生を送った。後半は范雎という賢人の支えがあり、「遠交近攻（遠くの国と同盟を組んで、近くの国を攻める）」という戦略で、秦の国土を一気に拡大した。

若き秦王を支えた蔡沢と尉繚《うつりょう》

始皇帝の曽祖父の代から
仕える名臣

蔡沢

燕、斉《せい》とをつないだ老獪《ろうかい》な外交官。司馬遷《しばせん》は『史記』の中で、蔡沢が秦以外の6国で用いられなかったのは、彼の論説がまずかったのではなく、ほかの諸侯に見る目がなかったからと述べている。

のちに始皇帝を
酷評した兵法家

尉繚《うつりょう》

尉繚は始皇帝 10 年（前 237 年）に秦を訪れ、6国の合従策に対抗すべく、賄賂《わいろ》を使って分断するべきだと説いた。尉繚が始皇帝のことを評した言葉（11 ページ参照）は、後世の始皇帝像を決定づけた。

韓非《かんぴ》 始皇帝が一目置いた法家の申し子

始皇帝に気に入られたが、李斯の策で自害した

法家《ほうか》の考えを尊重した始皇帝に、大きな影響を与えたのが『韓非子《かんぴし》』の著者の韓非です。

韓非は韓《かん》の公子ですが、生まれつき吃音《きつおん》だったために、家族内では軽視されていました。

しかし、文才に長け、文章を書かせたら、右に出る者はいないほどの才能を持っていました。

ともに荀子《じゅんし》のもとで学んだ李斯《りし》は、**韓非の才能を見て、自身よりも上だということを早くから自覚していたと伝わります。**

その後、韓非は韓の王に法治主義を採用するように、何度も意見書を提出しますが、全く相手にされませんでした。そのため、**自分の考えを『韓非子』にまとめました。**

これを読んだ始皇帝は、いたく気に入り、そのことを李斯に伝えました。すると、韓非は李斯の知り合いで、韓の公子だと知りました。どうしても韓非と会いたかった始皇帝は、韓を攻めることに。**韓は韓非を使者として遣わし、二人の面会が叶《かな》いました。**

厳格な法治主義を説く韓非が、始皇帝に一目置かれる存在になると、李斯は自分の立場が危うくなると考えました。そして、始皇帝に「韓非は韓の公子だから抹殺《まっさつ》するべきだ」と進言。韓非は牢獄に入れられ、最後は李斯から送られた毒を飲んで自殺しました。

韓非子：春秋戦国時代の思想や社会の集大成といわれる書物。全五十五篇、十余万言からなり、その内の「孤憤《こふん》」と「五蠹《ごと》」が始皇帝に感銘を与えたと伝わる。

始皇帝に影響を与えた韓非

生まれつき吃音があり話すのが苦手だったという。その代わりに文書は得意だった。
『韓非子』では儒家の徳治主義を否定。始皇帝は感銘を受け、韓非に会うために韓を攻めたという。
韓非の死により、「戦国七雄」の中でも最弱国だった韓は、打つ手がなくなり、滅亡を迎える。

『韓非子』に登場する成語やことわざ

①**矛盾《むじゅん》：**矛《ほこ》と盾《たて》を売る者がいた。自分の矛はどんな盾も貫き、自分の盾はどんな矛でも通さないと豪語。それを見た人が言った。「その矛でその盾を突いたらどうなる?」と。すると、商人は答えられなかったという話。それから矛盾はつじつまが合わないことを指すようになった。

②**逆鱗《げきりん》に触れる：**逆鱗とは、触れると死んでしまうという竜のあごの下にある、うろこのこと。君主に意見を述べるときは、君主の逆鱗に触れないようにすることが大切と『韓非子』に書いた。目上の人を怒らせたときに使われる言葉だ。

③**信賞必罰《しんしょうひつばつ》：**功績のあった者には恩賞を与え、罪ある者には厳格に罰を行なうことを意味する。韓非は、そのままでは悪の道に進んでしまう人間は「法」「術」によってコントロールすべきだ、と厳しい法治主義を唱えた。また、厳罰は公平でなければ意味はないと説いた。

記録の少ない謎多き文官
昌文君《しょうぶんくん》

高貴な家系の生まれと推測されるが、謎の多い左丞相

始皇帝の丞相ながら、『史記』での記述が少なく、**謎の多い人物といわれているのが昌《しょう》文君《ぶんくん》です。**

生まれは楚で、頃襄王《けいじょうおう》の公子だったというのが定説とされていますが、出生や経歴は不明な部分や矛盾もあるため、この説も疑問視されています。

しかし、名前に「君」がついていることや当時の臣下の中で最高位に当たる丞相にまでなっていることから、**高貴な家系に生まれたのは間違いないと考えられています。**

昌文君は文官に分類される人物で、軍事以外の行政を任されていました。始皇帝が次々に行なった改革の推進を支えたと考えられています。

『史記』の中で昌文君が登場するのは、**紀元前238年に起こったニセ宦官《かんがん》の嫪毐《ろうあい》の反乱事件です。**

行く末に危機感を覚えた嫪毐が兵を挙げると、始皇帝はすぐに昌文君と昌平君《しょうへいくん》に反乱を鎮圧するよう命令しました。

二人で協力して軍を率いた戦いでは、それぞれが数百という敵を倒しました。**そして、見事に反乱軍の鎮圧に成功しました。**

昌平君もまた始皇帝を支えた家臣でした。嫪毐の乱鎮圧後、重臣に取り立てられました。

昌文君の出生：一説によると、楚の頃襄王の子どもだというが、真偽のほどはわからない。昌平君も同じ楚の出身で、考烈王と秦の昭襄王の娘の間に生まれたといわれている。

始皇帝を支えた政治家・昌文君

本名は不明で、生没年は前270年代～前226年とされる。嫪毐の反乱を鎮圧したのちに、昌文君に封じられ、左丞相となった。

もともと勇猛な武将だったが、王を身近で補佐するため文官となったともいう。内政における政治手腕に優れていた。

人気マンガ『キングダム』では、物語初期から嬴政を常に支える一番の忠臣として描かれている。

秦国の頭脳派の一人 昌平君《しょうへいくん》

秦で人質となっていた楚の太子と秦の王女の間に生まれた公子だが、それ以上の経歴は不明。荘襄王《そうじょうおう》の代から出仕し、嬴政《えいせい》の即位後は丞相に就く。嫪毐の反乱時は鎮圧に参加した。のち、赴任先で楚の将軍により楚王に擁立され（79ページ）、秦と対立することに。翌年、攻め入った王翦《おうせん》と蒙武《もうぶ》に破れて戦死した。

始皇帝お気に入りの若き将軍 李信《りしん》

始皇帝に目をかけられるが、楚攻めで失敗してしまう

李信《りしん》は、人気マンガ『キングダム』の主人公のモデルとなった人物です。**始皇帝から絶大な信頼を得ていた若い勇猛な将軍でした。**

マンガのおかげで一躍有名人となった李信ですが、実はその生涯に関する記述は、あまり残っておらず、多くの謎に包まれています。

そんな李信が活躍したのが、前226年の燕《えん》攻めです。これは、前年に起こった、燕の荊《けい》軻《か》による始皇帝の暗殺未遂事件の報復です。**総大将となった李信は、わずか数千の兵士を引き連れて、暗殺事件の首謀者だった燕の太《たい》子丹《したん》を討ち取りました。**

都へ凱旋《がいせん》した李信は、始皇帝から称賛を受けます。この功績が評価されて、李信は楚攻めを任されることになりました。

このとき、始皇帝はどのくらいの兵力が必要か質問すると、李信は「20万」と答え、老将の王翦《おうせん》は「60万」と答えたといいます。**始皇帝は、李信に天命を預けようと思い、副将に蒙恬《もうてん》をつけて、楚攻めを命令しました。**

途中までは順調に楚を攻めていましたが、裏をかかれて楚軍に襲撃され、秦軍は壊滅してしまいました。そこで、王翦に総大将交代の命令が下されて、なんとか楚を滅ぼしました。その後の動向は不明ですが、**前漢の李広《りこう》や李陵《りりょう》が李信の末裔《まつえい》とされています。**

李信の末裔：楚攻め以降は不明だが、前漢時代の将軍の李広はその末裔である。五胡《ごこ》十六国時代の西涼《せいりょう》の始祖の李暠《りこう》、唐の初代皇帝の李淵《りえん》なども系譜が連なる。

血気盛んな若き将軍・李信

生没年や経歴がほとんど知られていないが、『史記』では燕攻めの際に登場。若くしてたくましく、わずかな兵で大功績をあげたと書かれている。

対楚戦では大失態をしでかすが、それでも始皇帝に重用され続けた。よほど信用されたようだ。

秦の中華統一後は、どのような功績をあげたかわからず、どのように晩年を迎えたのかも不明。しかし、子孫は戦乱の世を生き抜いて活躍したようだ。

勇猛果敢な李信の戦歴

前 226 年： 王翦《おうせん》･王賁《おうほん》の燕侵攻に参加。燕王と太子丹《たん》を敗走させる。

前 225 年： 楚を攻めるが、大敗を喫する。

前 222 年： 王賁とともに燕、代《だい》を攻撃。燕王らを捕虜とする。

前 221 年： 王賁、蒙恬《もうてん》とともに斉を攻め滅ぼす。

子孫は前漢で将軍に

前漢の時代に匈奴《きょうど》討伐で活躍した武将に李広という人物がいる。李信の子孫とされている。また、李広の孫娘は漢・武帝の息子の側室となった。

6カ国中5国を破った将軍

王親子―王翦《おうせん》・王賁《おうほん》

☯ 王翦は始皇帝の信頼を得た老将。王賁も中国統一に貢献

秦の中国統一に大きく貢献したのが、王《おう》翦《せん》・王賁《おうほん》親子です。王翦は、幼い頃から兵法が好きで、**前２３６年の趙《ちょう》侵攻では、桓齮《かんき》らとともに将軍を務めましたが、途中で大将に抜擢され、見事に趙を平定しました。**

その後も、前２２６年の燕《えん》侵攻で大きな戦果を立てました。

年老いたことを理由に、一度は戦いの最前線から身を引きましたが、始皇帝からの強い要請を受けて、紀元前２２４年に将軍に復帰。**ピンチに陥っていた李信《りしん》・蒙恬《もうてん》軍の後釜として楚《そ》攻めを成功させました。**

武勇派のイメージを持たれがちな王翦ですが、**実は頭脳派な一面も持っていました。**

楚攻めの大将を代わるときに、疑り深い始皇帝が疑心暗鬼にならないように、わざと褒《ほう》美《び》をねだり、自身が反乱分子ではないことをアピールしたと伝わっています。

一方、息子の王賁も武勇の才能に恵まれていました。父の王翦とともに参戦した、前２２６年の燕侵攻で戦功をあげたのを皮切りに、楚攻め、魏《ぎ》討伐、斉《せい》攻めを命じられます。父の王翦に引けをとらない活躍を見せました。

その結果、王翦・王賁親子は、5つの国を討伐。中国統一は、この親子がいたから実現したといっても過言ではないでしょう。

王翦の引退：きっかけは、始皇帝が燕侵攻で自分よりも若い李信の意見を採用したため。始皇帝は秦軍が劣勢になると、王翦宅まで出向いて復帰を願ったと伝わる。

二人で5カ国も滅ぼした強者親子の王翦・王賁

智勇を兼ねそなえた武将

王翦

前236年の趙攻めにはじまり、前223年の楚の都陥落まで、実に輝かしい戦歴を持つ。趙攻めで主将を務めた際は、9つの城を落とすほど。秦王の疑心をうまくかわす術も心得ていたようで、武力だけではなく、知力にも長けていた。

父に劣らぬ武勇で活躍

王賁

前225年、魏討伐戦では、はじめて主将を任され、見事、魏を滅ぼすなど期待に応えた。燕と斉への侵攻でも主将を務めている。息子の王離《おうり》もまた、秦王に仕えた武将で、陳勝《ちんしょう》・呉広《ごこう》の乱（120ページ）鎮圧などに参加した。

3代名将を輩出した 蒙家——蒙驁《もうごう》・蒙武《もうぶ》・蒙恬《もうてん》

蒙驁・蒙武は武勇で秦を支え、蒙恬は万里の長城を建設

王翦《おうせん》・王賁《おうほん》親子のほかにも、3代にわたって秦王を支えた名門一族がいます。それが、斉《せい》に生まれながら、**秦の筆頭家老にまで駆け上がった蒙驁《もうごう》からはじまる蒙家《もうけ》です。**

蒙驁の活躍には、目を見張るものがあり、紀元前249年に韓《かん》を攻めて、河南省中北部を奪った後は、趙《ちょう》攻めで37城を落とします。さらに、紀元前244年の韓攻めでは、13城を奪うといった輝かしい活躍も見せました。

そんな蒙驁の息子の蒙武《もうぶ》も、武勇に優れた将軍でした。『史記』などの歴史書での記述は少ないものの、紀元前224年の李信《りしん》と蒙《もう》恬《てん》が苦戦した楚攻めに、王翦軍の副将として参加。**楚の大将軍の項燕《こうえん》を破るという戦果をあげています。**

その息子の蒙恬《もうてん》は、父や祖父とは違い、もとは文官として始皇帝に仕えていました。刑法を学び、訴訟や裁判に関わっていましたが、その後、武官に転向します。

前225年の楚討伐では、李信の副将として戦い、途中で大敗してしまいましたが、王《おう》翦《せん》の力を借りて楚討伐を果たします。

その後、将軍に任命されると、李信・王賁とともに斉を討伐しました。

中国統一後は匈奴《きょうど》征伐を命じられ、その一環として万里の長城の建設に尽力しました。

蒙恬の弟：蒙家には、もう一人名前が知られている人物がいる。それが、蒙恬の弟の蒙毅《もうき》。文官として活躍したが、趙高《ちょうこう》の讒言《ざんげん》で太子の扶蘇《ふそ》が自殺した後に、蒙毅も冤《えん》罪《ざい》で誅殺《ちゅうさつ》された。

3世代にわたり秦の強大化に貢献した蒙ファミリー

華々しい戦歴を持つ老獪な武将
蒙驁《もうごう》

斉の生まれ。秦の昭王に仕え、荘襄王《そうじょうおう》の時代には韓に攻め込む。趙に侵攻した際には、37もの城を落とした。秦王即位の年に、王齮《おうき》らと将軍に任命されている。

蒙家の中ではちょっと影が薄い？
蒙武《もうぶ》

蒙驁の息子だが、『史記』ではあまり活躍が描かれない。始皇帝に仕え、王翦の副将として楚との戦いで活躍した。

北方民族を震え上がらせた軍人
蒙恬《もうてん》

はじめは刑法を学び、裁判文書を扱う文官として仕えた。その後、武官に転身し、将軍に就く。中華統一後は、北方遠征に赴き、万里の長城を修築。北方からの脅威に備えた。

COLUMN 4

「馬鹿」の語源は趙高《ちょうこう》と胡亥《こがい》の逸話から

春秋戦国時代から秦の時代に生まれた故事成語は数多くあります。愚かを意味する「馬鹿」という言葉も、秦の時代に生まれたといわれています。

始皇帝の末子・胡亥は、宦官の趙高《ちょうこう》にいいように操られていました。趙高は始皇帝の側近として絶大な権力をふるっていたのです。

ある日、趙高は鹿を宮中に連れてきて、「珍しい馬が手に入った」と胡亥に報告します。当然、趙高は馬ではなく鹿と知りつつ、周囲の家臣に「これは馬だよな?」と問います。果たして……「鹿です」と答えた者は殺害されました。

趙高はこのようにして、自分に従わない者を選別したといわれています。「指鹿為馬《しろくいば》」、鹿を指して馬となす。ここから転じて、自分の権力を用いて間違いや矛盾を人に押し付けること、愚かなことを「馬鹿」は意味するようになりました。

PART

5

統一事業と始皇帝の死

始皇帝は6国を滅亡させた後、統一政策を実施しますが、当然、死が訪れます。現代にまで継がれた数々の統一政策と、始皇帝の死の後の中国を追います。

国家統一のための重要改革

全国共通の文字をつくり、長さ・重さ・容積の単位も統一

中国統一後、始皇帝（嬴政《えいせい》）は政治をスムーズに行ない、**経済を発展させるために、ライフラインを統一しました。**

まずは、文字の統一です。文字は地域や国によってバラバラでしたが、それでは意思疎通がスムーズにできません。そこで小篆《しょうてん》を共通文字にしました。

小篆とは古代の書体をまとめ上げたもので、文書行政を円滑にしました。とても画期的ですが、文字を扱う下級役人にとっては、少し複雑で扱いにくいものでした。

やがて、**小篆を簡略化した隷書《れいしょ》が生まれました。**漢代にはこれが普及して、日本にも伝わりました。

書体の統一のほか、長さ・重さ・容積の単位を統一しました。当時、布や穀物で税を納めていましたが、長さや重さの基準を勝手に変えてしまう役人が度々《たびたび》出現していたのです。

地方の権力者たちによる不正をなくし、統一後の広大な国を均一で治めるために、始皇帝は単位（度量衡《どりょうこう》）を統一しなければならないと考えました。

長さの単位の一歩を6尺《しゃく》として、量をはかる「ます」（秦量《しんりょう》）と重さ（衡《こう》）をはかる「はかり」（秦権《しんけん》）の標準器を製造して全国に分配しました。

ライフラインの統一：文字と度量衡のほかに、荷車の車幅も統一。土に残る車軌が違うと、輸送力に影響したため、これを統一して交通をスムーズにした。

統一政策の数々 ①

文字の統一

国ごとに違っていた文字を、秦を基準に統一した。右の文字はすべて「馬」だが、このように各国で違っていた。

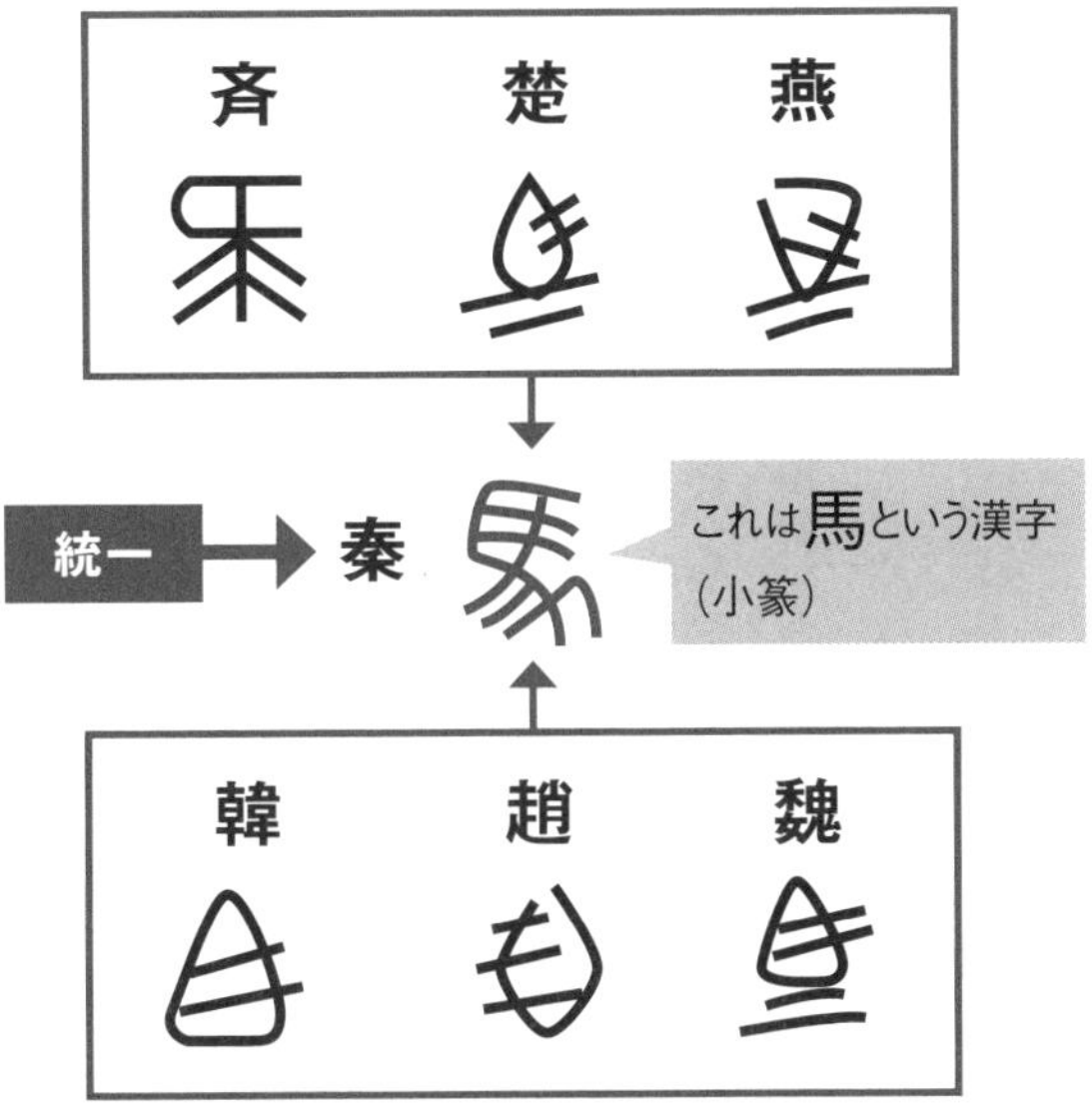
斉
楚
燕
統一
秦
これは馬という漢字
（小篆）
韓
趙
魏

度量衡の統一

長さ（度）、容積（量）、重さ（衡）を統一するべく、鉄・石・銅などでつくられた標準計量器を各地へ配布した。表面に小篆で国定と刻印されている。

	1尺	1升《しょう》	1斤《きん》
秦代	22.5cm	0.194ℓ	256g
唐代	31.1cm	0.5944ℓ	596.82g
現在	33.3cm	1ℓ	500g
日本	30.30cm	1.8039ℓ	600g

陶量
体積の標準としてつくられた。ほかに銅量もある。

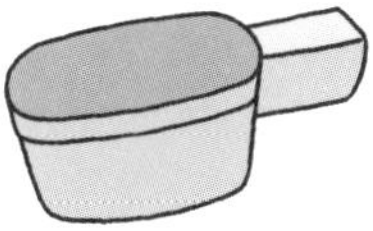

銅権
重さの標準としてつくられた、青銅製のおもり。

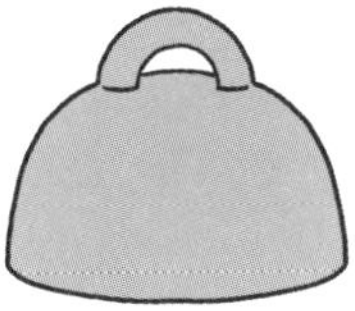

貨幣を統一して経済力アップを狙う

共通通貨を定めて、税関を取っ払い経済をまわした

度量衡を統一することで、役人の不正を防ぎ、経済を円滑にすることを考えていた始皇帝は、**貨幣の統一と関税の撤廃にも乗り出します。**

この頃、文字と同じように、国によって使われる貨幣には違いがありました。斉《せい》や燕《えん》などの東方ではナイフの形に似た刀銭《とうせん》、黄河中流域では鋤《すき》を模した布銭《ふせん》を使っていました。

そこで始皇帝は、**中国統一前から秦で使われていた貨幣・半両銭《はんりょうせん》を共通通貨に定めました。**これは、銅を使った円形の貨幣で、中央に四角の穴が空いた貨幣です。後に、東アジアの国々で使われるようにもなりました。

技術革新が進み、経済活動が盛んになると、**斉の臨淄《りんし》、趙の邯鄲《かんたん》、楚の郢《えい》、秦の咸陽《かんよう》といった都市が栄えました。**

さらに、国を越えて商売をする者なども現れました。有名なところでは、始皇帝とその父を秦王にした呂不韋《りょふい》です。呂不韋は趙《ちょう》の商人から秦の丞相にまで成り上がった、類まれなる人物です。

経済活動を活発化させて、国を豊かにするためには、異なる通貨や税関が大きな壁となっているという商人たちの考えから、始皇帝は税関を撤廃。そうして、**超巨大経済圏をつくり出し、商業の活発化に成功しました。**

貨幣の違い：春秋時代のはじめまで、物々交換が行なわれていた。その後、貨幣文化が急速に発展。貨幣は各地域で鋳造されていたため、材質も形も価値も異なっていた。

統一政策の数々 ②

貨幣の統一

秦の円銭を基本貨幣に統一した。これは前漢にかけて広く使用された。重量が当時の度《ど》量《りょう》衡《こう》で半両（12銖《しゅ》）であることから半両銭と称される。

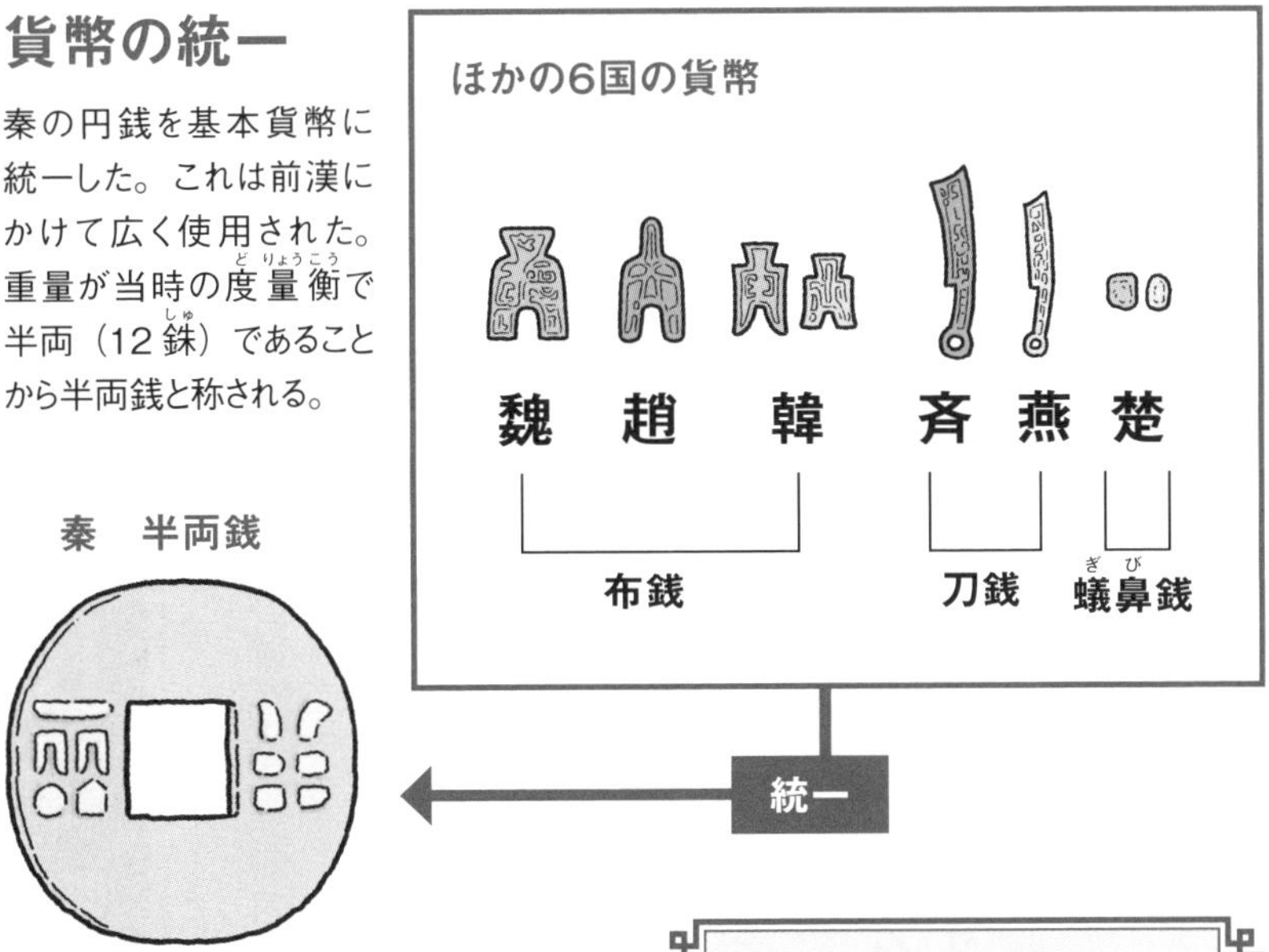
ほかの6国の貨幣
魏
趙
韓
斉
燕
楚
布銭
刀銭
蟻鼻《ぎび》銭
統一
秦　半両銭

車軌を統一

車輪の長さが違うと、全国の交通を阻害すると考え、車軸の長さ（車軌《しゅき》）を同一化。もともと他国の車が侵入しないように、車軌が違っていたのだ。

暦の採用

古代中国では王朝ごとに、戦国時代には国ごとに暦も変わっていた（そのため司馬遷《しばせん》の『史記』にも年代の矛盾が生じる）。秦から前漢まで使われていた顓頊《せんぎょく》暦は太陰《たいいん》太陽暦の暦法で、始皇帝はこれに統一した。

帝顓頊高陽者黄帝之孫昌意之子

顓頊暦の「顓頊」は古代の帝王の名。

武器を奪って国民を戸籍で管理

古代ではじめて大規模な戸籍を作成。秦の人口は約5000万人に

統一後、**始皇帝は征服した他国の武力を抑えて、経済力を削るために、刀狩りを行ないました。**農民の反乱を未然に防いだのです。

具体的には、武器の使用や所有を禁止にして、旧6国から武器を没収したのです。この命令は徹底されており、猟師が弓を持つことさえ許されなかったといいます。

そして、**集めた武器は秦の首都の咸陽《かんよう》に集められ、鋳《い》つぶされました。**その後は、鐘や鐘を支えるための金属の人形である「金人《きんじん》」につくり変えられました。

金人のサイズは、重さが約31トンで、『漢書』には、高さが約15メートルもあったと記されています。鎌倉の大仏の高さは約11・3メートルなので、金人がどれほど大きかったのかが想像できます。

また、旧6国の国民も含めて、**個人一人ひとりを把握して管理するために、戸籍も作成しました。**現存する資料からは、秦の人口が約5000万人だったと推定されます。

紀元前において、細かい戸籍をつくって国民を管理した国は、秦以外には存在しません。ヨーロッパで戸籍に当たる制度が整ったのは、18世紀の、フランス革命以後のこと。それを考えると、秦がいかに進んだ考えを持っていた国なのかがわかります。

戸籍：戸籍の情報は有事に有効活用された。最大で500万人の兵士を動員できたのも戸籍のおかげ。それだけ動員力があったので、北方の匈奴《きょうど》征伐に乗り出せた。

徹底した刀狩りの実施

秦国内、各地方からも、ことごとく武器を押収。当時、すでに製鉄の技術はあったが、武器は青銅だった。

集めた武器は鋳つぶし、釣鐘《つりがね》と金人に鋳直された。金人は釣鐘を支える支柱の役割を果たしていたと思われる。

金人とは どのようなもの?

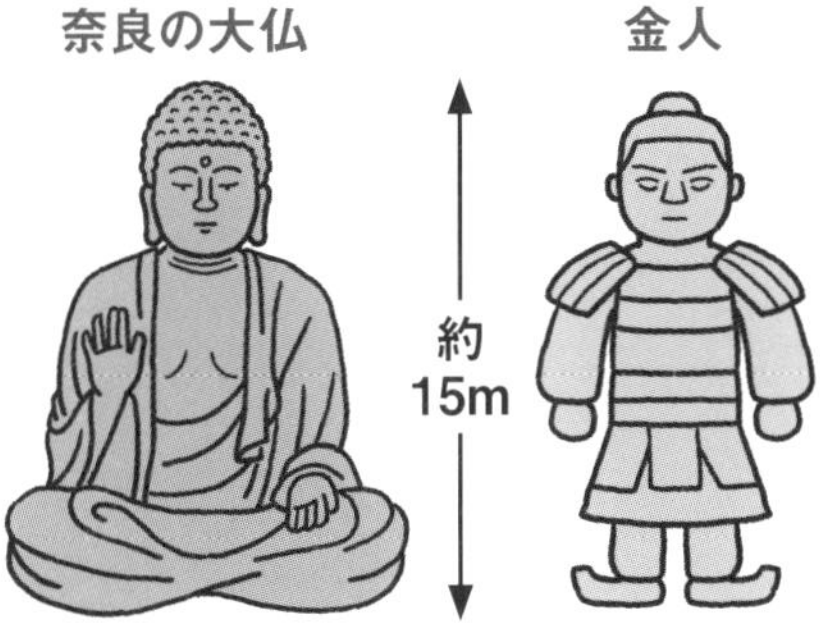

金人は重さ約31トン、高さ約15メートル、足のサイズ約183センチという巨体。これを12体つくり、宮廷に並べたという。後にすべて破壊されたり、溶かされたりして現存しない。

豊臣秀吉の刀狩りとの比較

日本では、豊臣秀吉が1588年に刀狩りを実行している。同じように集めた武器は大仏造営に使われた。当時の武器は鉄製であった。

統一後に力を入れた土木事業の数々

皇帝の巨大な権力を誇示した阿房宮と万里の長城事業

中国を統一した後、始皇帝は各地に存在する権力者たちの財力を削ぐために、次々と秦の首都の咸陽《かんよう》に移住させせました。

その結果、人口が増えて手狭《てぜま》になったので、土地を開拓して人々を移住させせました。

首都を大きくするたびに、各地で大規模な土木事業を行ないました。**このときに道路や運河といったインフラも整備されました。**

また、始皇帝が住む咸陽は140年ほど経っていたので、新しい宮殿の造営にも着手。

選ばれたのは、咸陽の南東側に位置する阿《あ》房《ぼう》で、阿房宮《きゅう》と名付けられました。東西に約690メートル、南北に約115メートルもあったといいます。

阿房宮の建設には、約70万人の罪人が駆り出され、始皇帝の死後も続きました。しかし、二世皇帝の胡亥《こがい》の代で民衆の反乱が起きて、阿房宮の計画は頓挫《とんざ》します。

もうひとつ忘れてはならない一大土木事業が、万里《ばんり》の長城建造です。戦国時代に各国が造った長城を連結して、匈奴《きょうど》などの北方民族の侵略を防止しました。

それまでは戦争に割り振っていた人力を、これらの巨大土木事業に利用するという見事な采配を見せました。動員人民は、300万人にのぼると推測されています。

阿房宮：あまりにも規模が大きすぎたために、始皇帝の在任中には完成しなかった。秦が楚《そ》に破れると、項羽《こうう》によって火を放たれ、3カ月にわたって燃え続けたと伝わる。

各地で行なわれた土木工事

（19 ページ参照）

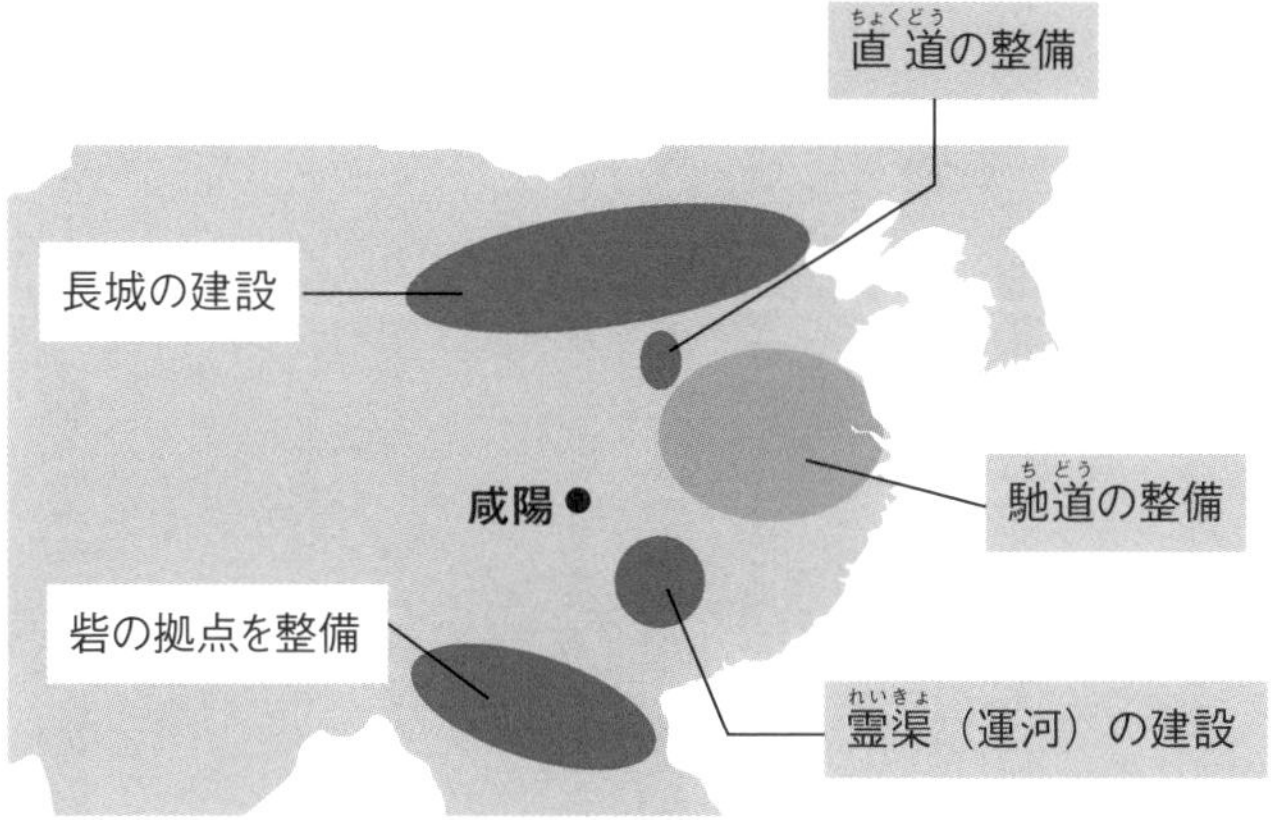
直道《ちょくどう》の整備
長城の建設
咸陽
馳道《ちどう》の整備
砦の拠点を整備
霊渠《れいきょ》（運河）の建設

異例の大きさだった阿房宮のスケール感

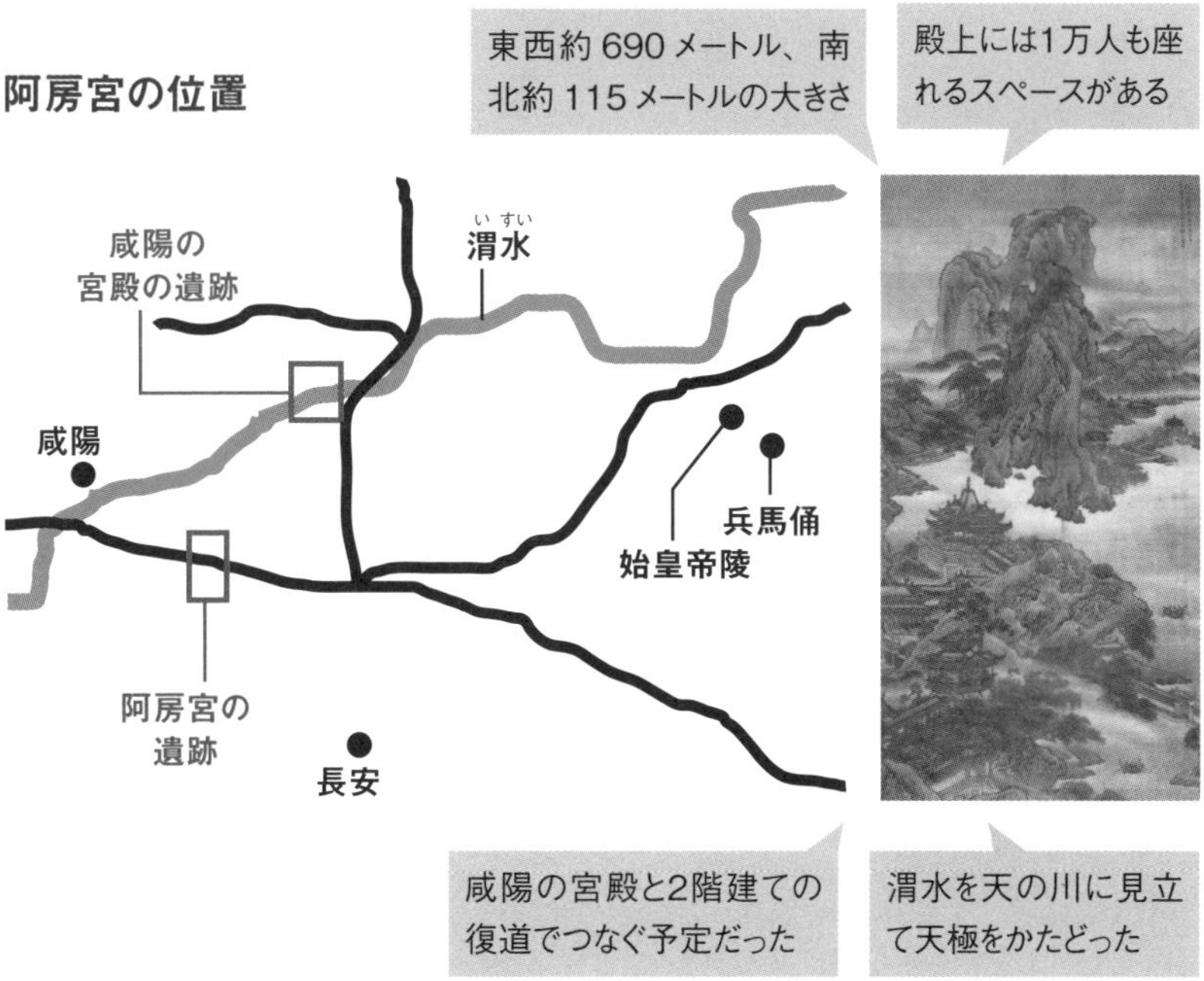
阿房宮の位置
東西約 690 メートル、南北約 115 メートルの大きさ
殿上には1万人も座れるスペースがある
咸陽の宮殿の遺跡
渭水《いすい》
咸陽
兵馬俑
始皇帝陵
阿房宮の遺跡
長安
咸陽の宮殿と2階建ての復道でつなぐ予定だった
渭水を天の川に見立て天極をかたどった

暴君の兆し？「焚書坑儒」の実施

政治批判を抑えるために書物を焼き払い、方士を大量虐殺

始皇帝は、たくさんの改革を行ないましたが、反対に悪名高い改革もあります。暴君と呼ばれるきっかけとなったのが、**有名な焚書《ふんしょ》坑儒《こうじゅ》です。**

そのきっかけは、**徳によって天下をおさめるべきだと考える儒家《じゅか》と、法によって支配するべきだと考える法家《ほうか》と、どちらを採用するべきかという論争でした。**

あるとき、**儒家派の博士の淳于越《じゅんうえつ》と丞相の李斯《りし》との間で、思想の違いによるいざこざが起きました。**淳于越が「昔ながらの儒家思想を持った政治体制に変えるべきだ」と訴えると、李斯は「学者は人民を惑《まど》わし、その根源ともいえる書物は焼き払うべきだ」と反論。

法家を重んじていた始皇帝は、もちろん李斯の意見に賛同。過去の歴史を学んだ学者たちから政治批判をされないようにするため、**医薬・卜筮《ぼくぜい》（占い）・農事以外の書物の所有を禁じ、さらに焼き捨てるよう命令しました。**違反者への罰則は厳しく、集団で誌や書について論じる者は死刑となり、死体は市中にさらされました。

さらに、**首都の秩序を乱すという理由で、咸陽《かんよう》にいる学者や方士《ほうし》（修行者）たちが次々に捕まえられ、460人あまりが生き埋めとなりました。**

焚書：貴重な書籍でも次々と燃やされていったという。儒教経典は、漢の成立後、暗記していた学者から聞き取り、復元したとされている。

法家と儒家の違い

法家

- 法を用いて国を統治する
- 性悪説にもとづいている
- 法に従う者は恩賞、従わない者には刑罰

秦の始皇帝が用いた政策

儒家

- 徳によって国を統治する
- 性善説と性悪説どちらも唱える人がいる
- 礼儀や仁義を重んじる

漢の時代では儒家を採用

焚書坑儒

焚書とは禁じられた書物を焼却すること、坑儒とは儒家を穴埋めにして殺害すること。違反者も厳しく罰せられた。ちなみに、坑儒という呼称は、儒家が国家に採用された後漢の時代に生まれた。

始皇帝の悪行として名高いが…

焚書坑儒は大変評判が悪い。しかし、始皇帝は儒教の教えを推奨しており、必ずしも思想弾圧を意味するものではないようだ。

焚書→宮廷内における法家と儒家との争いが発端で、法家官僚の勝利に終わった結果で?

坑儒→不老不死の仙薬を、方士が見つけられなかったことに対する始皇帝の怒り?

政治は臣下に任せて国中を巡行

地方の観察と不死の薬を求めた5回の巡行

在任中、始皇帝は**地方の情勢を把握し、自らの権威を示すために、5回の巡行《じゅんこう》を行ないました。**

前220年の1回目の巡行では、西方をまわりました。訪れた場所はどれも秦と縁のある土地だったため、祖霊へ中国統一の完了報告をするためだったと考えられています。

2回目以降は遠方をまわるようになり、自然と咸陽《かんよう》の不在期間も長くなります。この間は、**旅先から都に残った右丞相らに指示を出して、政治をしていたといわれています。**

前219年の2回目の巡行で、泰山《たいざん》で封禅《ほうぜん》の儀を行なうと、斉の方士の徐福《じょふく》と出会います。**神仙思想を信じていた始皇帝は、徐福の言葉を信じて、東方へ不老不死の薬探しをするよう命令します。**

前218年の3回目は、始皇帝一行に鉄槌《てっつい》（大形のカナヅチ）が投げ込まれるという暗殺未遂事件が起こります。これは、後に劉邦《りゅうほう》の軍師となる張良《ちょうりょう》の計画でした。

『三斉《さんせい》略記』によると、前215年の4回目では、海神に出会ったとされています。また、徐福とは別の方士たちに、再び、不老不死の薬を探す命令を出しました。

そして**前210年の5回目、巡行の途中で病死しました。**

馳道《ちどう》：巡行で通った道路は、中国統一後に整備した馳道という道。普段は始皇帝専用道路として使われたが、戦時は軍事道路としても使われた。

始皇帝の巡行ルート

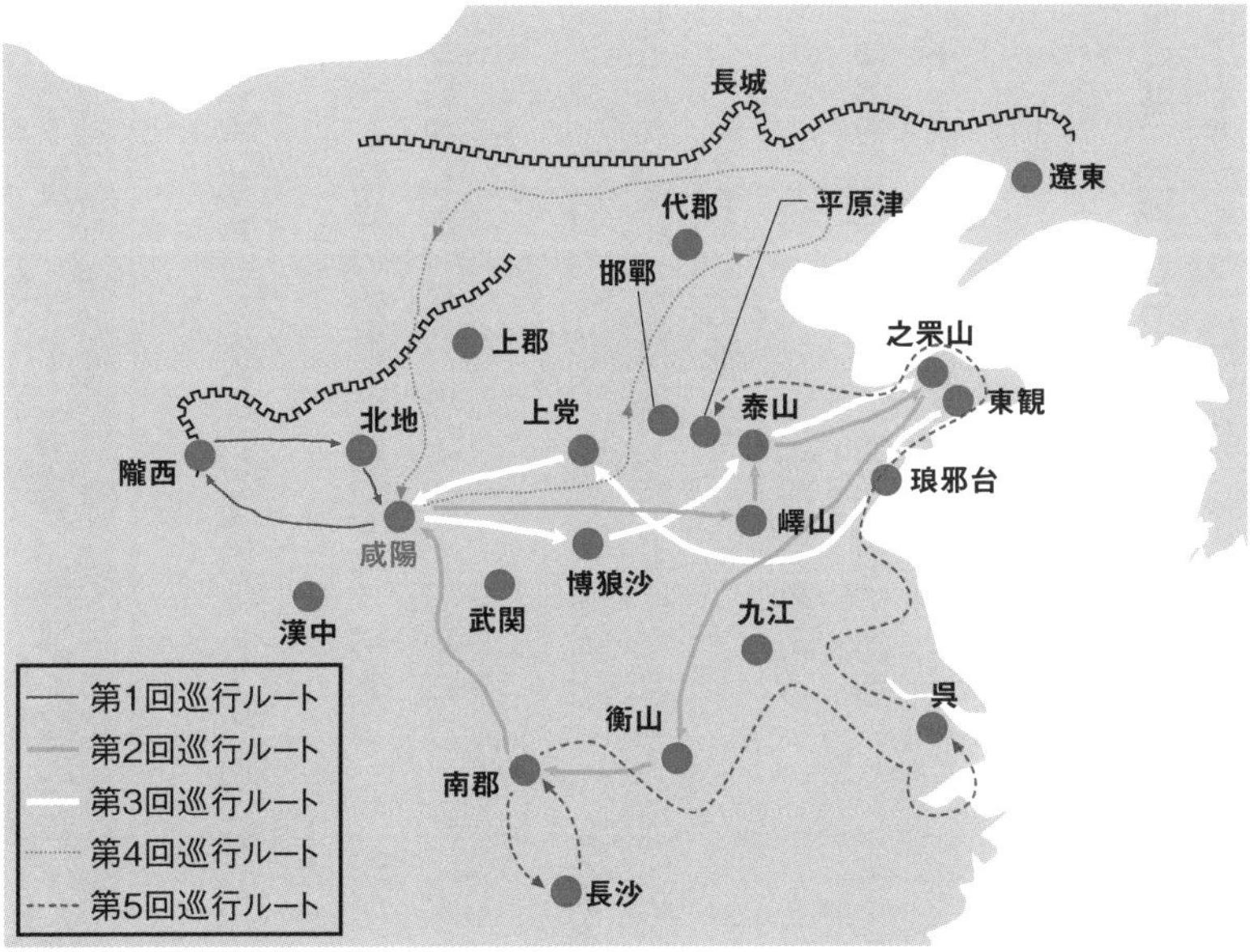
長城
遼東
平原津
代郡
邯鄲
上郡
之罘山
東観
北地
上党
泰山
隴西
琅邪台
咸陽
嶧山
博狼沙
武関
漢中
九江
呉
衡山
南郡
長沙
第1回巡行ルート
第2回巡行ルート
第3回巡行ルート
第4回巡行ルート
第5回巡行ルート

封禅の儀とはどのようなもの?

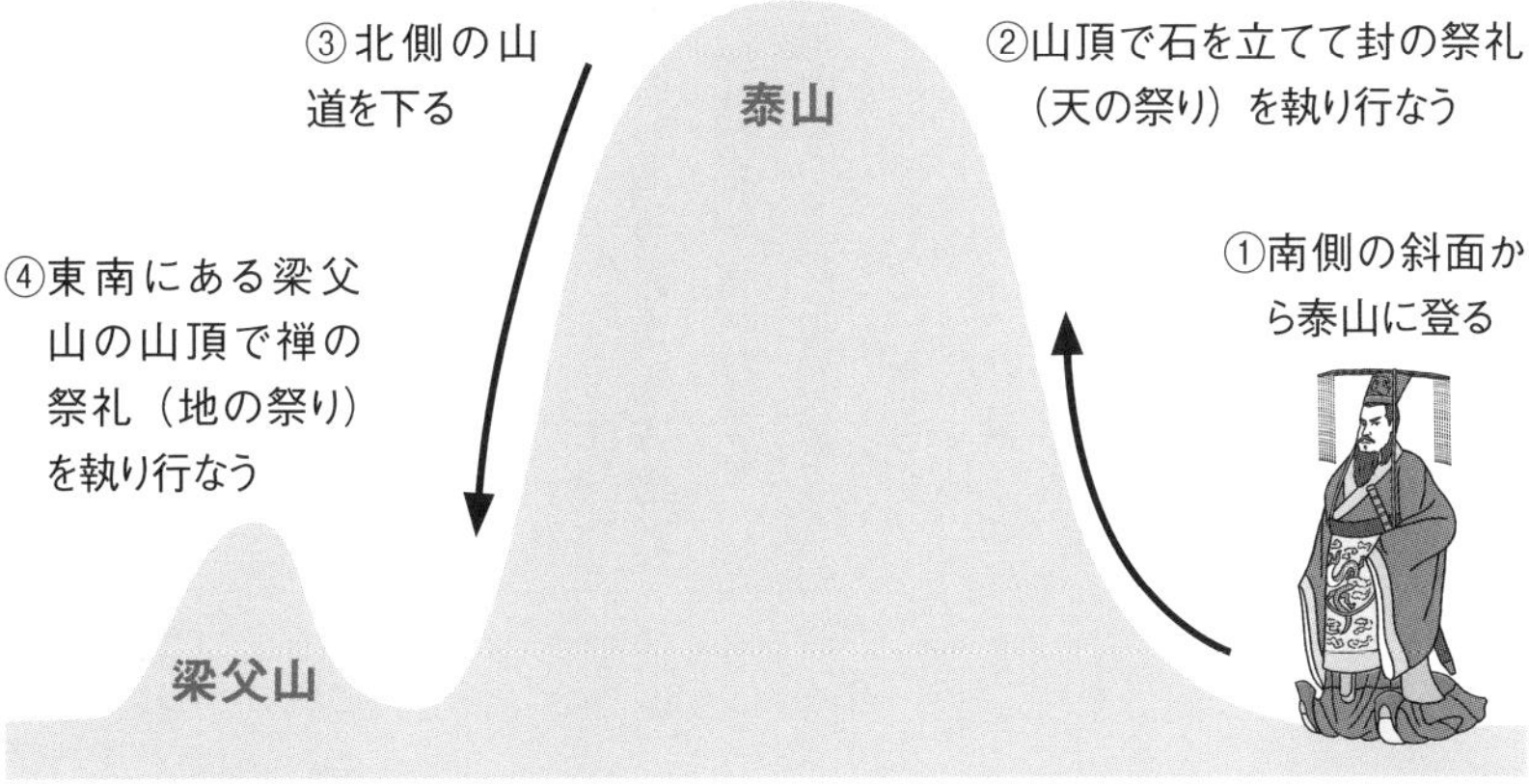
③北側の山道を下る
泰山
②山頂で石を立てて封の祭礼（天の祭り）を執り行なう
④東南にある梁父山の山頂で禅の祭礼（地の祭り）を執り行なう
①南側の斜面から泰山に登る
梁父山

道家の真髄・不老不死を求めて

不死身の支配者になるため方士に頼るが、失敗に終わる

中国を統一した後の始皇帝の関心は、不老不死に向かいました。これは、道家《どうか》の思想に関連しています。

法家《ほうか》では無限の権力を持ち、世界の絶対者である君主は、「道」の体現者だと考えられていました。称号を「皇帝」と定めたのも、道家の思想にもとづいたもの。**称号を変えることで、自分を世界の絶対的な支配者であることを誇示しようとしたのです。**

そして、中国統一の次に心を奪われた老子《ろうし》の教えの中にあった、得道《とくどう》者を目指します。

得道者とは、「道」と一体化し、道の持つ万物の能力を得た者のことです。得道者は不死身になれるとされていました。

そこで始皇帝は瞑想《めいそう》や祈祷《きとう》などの法術によって、**不老不死を実現しようとする方士《ほうし》と交流するようになり、神仙《しんせん》思想を学びます。**

現代の科学では説明できない思想ですが、始皇帝は神仙思想に傾倒してしまいました。

2回目の巡行で出会った徐福《じょふく》が、「東方の蓬莱山《ほうらいさん》に不老不死の薬があり、自分はその場所を知っている」と言うと、不老不死の薬探しを命令して、莫大《ばくだい》な援助をします。

その他の方士たちにも同じような命令を出しましたが、**誰も不老不死の薬を持ってくることはありませんでした。**

神仙思想：古代中国の燕や斉の方士が説いたもの。不老不死の仙人が実在するとして、人間から仙人になることを信じた信仰。道教思想の基礎にもなり、後に民間にも広がった。

不老不死の薬を求めた徐福

徐福の旅

前 219 年

不老不死の仙薬を探しに、東方の三神山、つまり蓬莱《ほうらい》、方丈《ほうじょう》、瀛州《えいしゅう》へ出発。

↓

前 212 年

始皇帝と再会。蓬莱に仙薬があると報告するも、貢物が足らなかったのでもらえなかったと、さらなる援助を求めた。

↓

前 210 年

童男童女数千人という大所帯の大船団を率いて出航。しかし、以後、中国には戻らなかった。

秦代の方士で、徐市《じょふつ》ともいう。呪術、祈祷、医薬、占星術、天文学に通じた学者でもあった。

徐福は日本へやってきた!?

徐福は二度と始皇帝のもとへ戻らなかったが、日本の紀州へ上陸したといわれている。和歌山県新宮市の徐福公園内に、徐福の墓と伝えるものがある。

遺書を偽装した趙高《ちょうこう》と李斯《りし》

末子を即位させて国が混乱。李斯は讒言《ざんげん》で命を落とす

前２１０年、始皇帝は5回目の巡行中に病死しました。その前年から死を予兆するような不吉な出来事が続いていたといいます。それを阻止するために占いをしてみると、**「遊と徙《し》を行なえば吉」と出たため、巡行へ出発し、3万人の国民を北方に移動させました**。しかし、占いは外れてしまいます。

亡くなる間際、始皇帝は長子の扶蘇《ふそ》を跡継ぎにしようと考え、都で自分の葬儀を執り行なうよう遺言を残しました。

しかし、末子の胡亥《こがい》の教育係をしていた趙《ちょう》高《こう》が遺書の内容を書き換えてしまいました。扶蘇には自殺するよう命じ、胡亥が跡を継ぐようにと書いたのです。李斯《りし》はこれに加担してしまいます。

国内が荒れると予測して、始皇帝の死を秘密にしていたため、扶蘇は遺言を信じ自殺。胡亥が二世皇帝となりました。

すると、それまで押さえつけられていた地方で不満が爆発して、陳勝《ちんしょう》・呉広《ごこう》の乱（前２０９年）などの反乱が連発しました。

しかし、胡亥は有効な対策を打たず、始皇帝時代の事業を続行。業を煮やした李斯は諫《かん》言《げん》を重ねましたが、反対に不興《ふきょう》を買ってしまいました。そして、趙高に敗戦の責任を擦《なす》りつけられて、処刑されました。

扶蘇：始皇帝の長子で、聡明な人格者だった。父の始皇帝に対して、堂々と意見することもあったという。真面目で素直な性格だったために、始皇帝の偽の遺言を疑わずに自決した。

始皇帝の死とその後継者

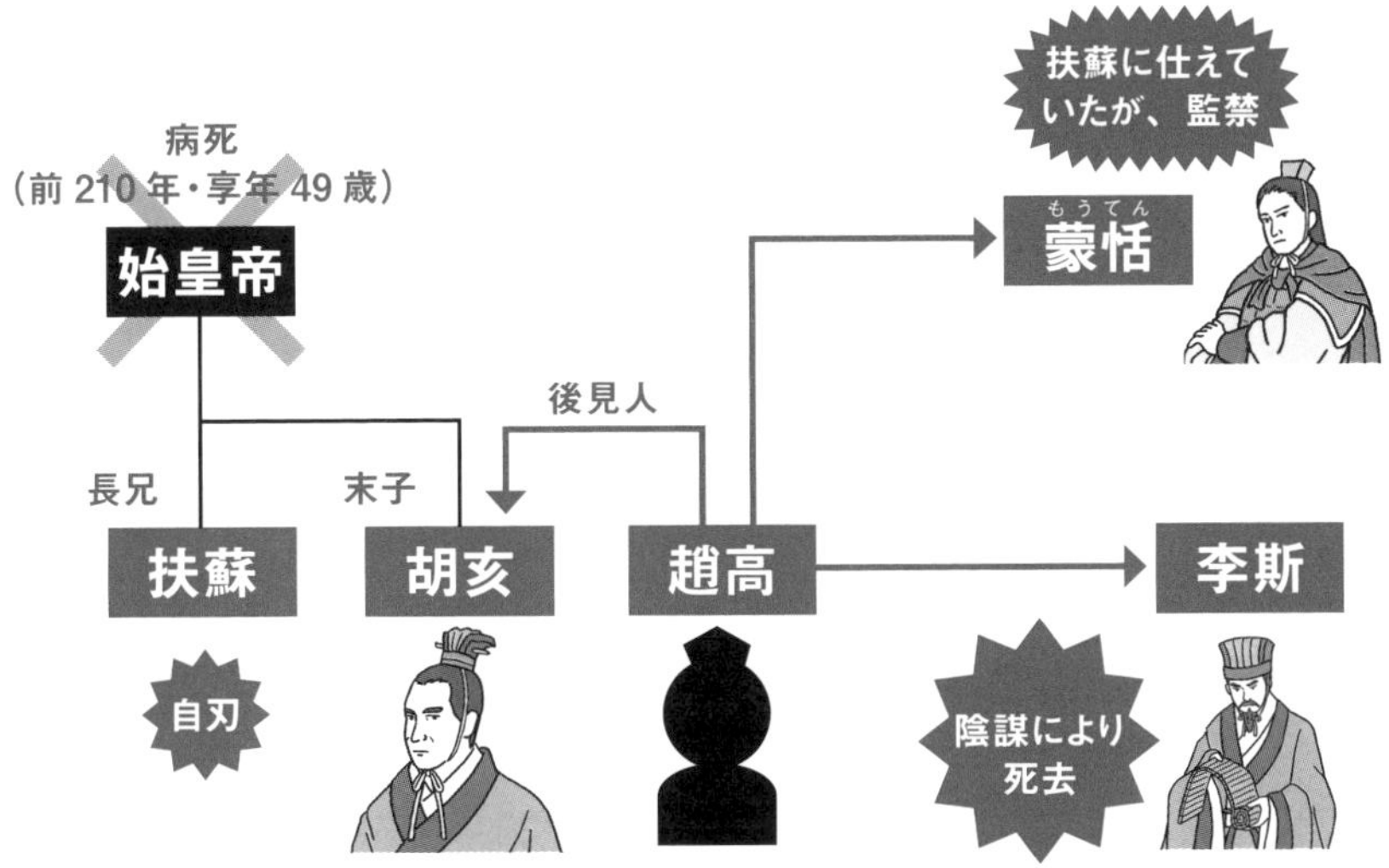
病死
（前 210 年・享年 49 歳）
始皇帝
長兄
扶蘇
自刃
末子
胡亥
後見人
趙高
扶蘇に仕えていたが、監禁
蒙恬《もうてん》
李斯
陰謀により死去

胡亥（趙高）の政治

- 李斯を冤罪で処刑し、即位に疑問を持つ重臣らを粛清
- ライバルとなりそうな兄弟姉妹 22 人を殺害
- 大規模な建設工事・土木工事を推進
- 匈奴に備えた大規模な徴兵を行なう
- 巡行を開始し、始皇帝の刻石に文章を追加

↓

父の真似事をするしか能がなく、人々の離反を招く

農民の反乱で秦は滅亡へ

皇帝の力が弱まり、陳勝《ちんしょう》・呉広《ごこう》の乱で再び乱世へ

胡亥が二世皇帝として即位したとき、まだ年少だったため、実権は趙高《ちょうこう》が握っていました。

趙高は胡亥を思い通りにコントロールするために、都合の悪い情報をもみ消して、胡亥に始皇帝時代の事業に専念させました。

さらに、胡亥の即位に疑問を持つ皇族や臣下を次々に粛清《しゅくせい》。こういった悪行により、徐々に信頼を失っていきました。

この頃、各地では皇帝に対する不満が高まり、**前209年に、胡亥への怒りが爆発。陳《ちん》勝《しょう》・呉広《ごこう》の乱が勃発《ぼっぱつ》します。**

これは、北東の国境の守りに駆り出された約900人の農民が起こした反乱です。きっかけは悪天候によって、期日までに目的地に着くのが不可能になってしまったことでした。

秦は法に厳しく、どんな理由があっても、法を破ることは許されません。仕事を投げ出せば死刑ですが、目的地に遅れて到着しても斬首《ざんしゅ》刑です。**どちらを選んでも死しか待っていない中、陳勝と呉広の呼びかけによって、一行は反乱を決意しました。**

一行を引率していた将を殺した後、陳勝は扶蘇《ふそ》、呉広は項燕《こうえん》と名乗って農民を先導。**二人は快進撃を続けて陳《ちん》をとり、国を建てて、国号を張楚《ちょうそ》と定めました。**

趙高：趙出身の宦官《かんがん》。幼い胡亥の教育係を務め、二世皇帝に即位させるために、遺言を偽造して、李斯に片棒を担がせた。自らの権力を高めることに執着した結果、秦を内外から腐敗させることとなった。

胡亥（趙高）の支配が崩壊するまで

胡亥

趙高

・始皇帝の模倣政治に過ぎない
・人々への賦役の負担が増す
・悪い情報はすべて趙高が遮断
（胡亥の耳に届かない）

↓

求心力は低下し、人々の不満は増幅する

陳勝・呉広の乱関連地図

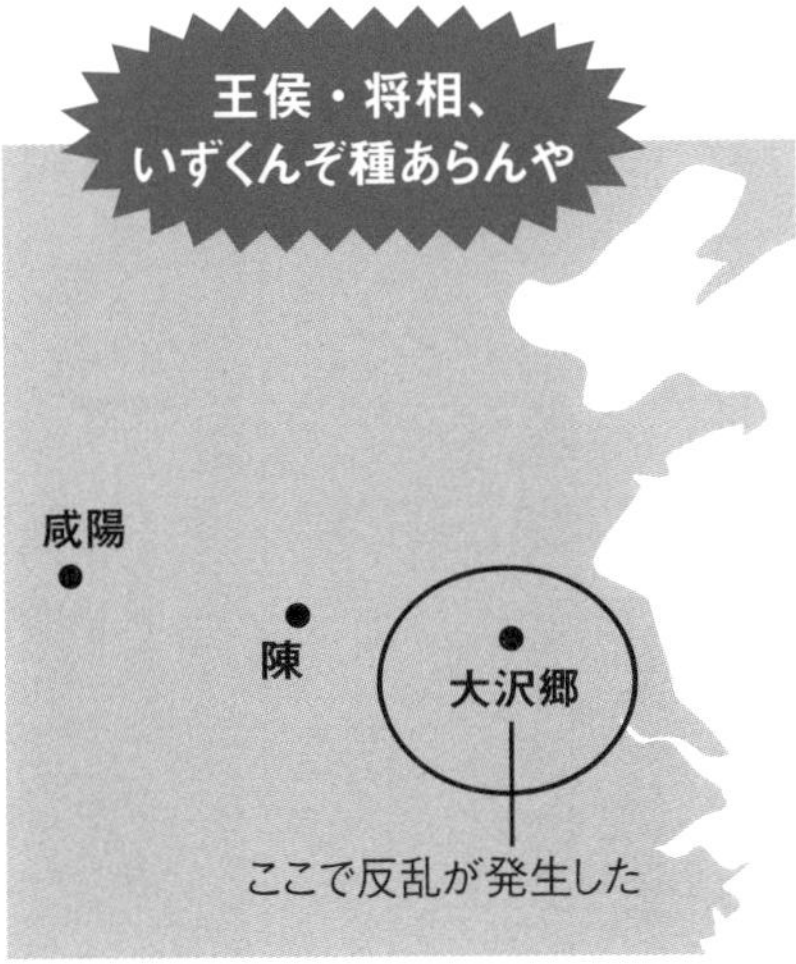
王侯・将相、
いずくんぞ種あらんや
咸陽
陳
大沢郷
ここで反乱が発生した

義兵に疑問を持つ人々を納得させるために、「王や諸侯、将軍、宰相は血統で決まるものではない」と弁舌をふるう。

勇気づけられた、わずか900名の反乱軍は国中を動かすまでに拡大化!

▼

陳勝は始皇帝の長子「扶蘇」の名を、呉広は旧楚の「項燕」の名を名乗り、人民の支持を集めた。

大沢郷を占領し諸県を攻略していく

強大な楚で生まれた項羽《こうう》と劉邦《りゅうほう》

秦を滅ぼし漢を建てた英雄が登場

陳勝《ちんしょう》・呉広《ごこう》の乱と同じ頃、中国各地で不満を持つ者が奮起しました。とくに、陳勝と呉広のふるさとの楚《そ》では、次々に挙兵。**氏族制へ戻そうという動きが盛んでした。**

そんな中で登場したのが、項羽《こうう》と劉邦《りゅうほう》です。項羽は楚の王族出身で、大将軍・項燕《こうえん》の孫に当たります。叔父の項梁《こうりょう》が率いる反秦軍に加わり、8000人の兵とともに秦を攻めました。この軍に、後から合流したのが劉邦です。**項羽は残虐な性格で、自らを「西楚の覇王」と名乗りました。**統率力と人望が乏しかったと伝わります。

一方の劉邦は、農民出身の役人で、あまり任務に真面目に取り組まない、のんきな性格だったといいます。しかし、**心優しく信頼も厚い人物だったため、小さな反乱軍のリーダーに推薦され、張良《ちょうりょう》をはじめとする仲間を増やして、軍を大きくしていきました。**

楚王の孫の懐王《かいおう》から、「先に関中《かんちゅう》（咸陽一帯）に入った者を、その土地の次の王にする」と言われたため、項羽軍と劉邦軍は、我先にと秦に攻め入ります。

40万の大軍を率いた項羽軍は秦軍と戦いながら進みましたが、10万の劉邦軍は無駄な戦いを避けて関中を目指したため、**先にたどりついた劉邦が秦王を降伏させました。**

張良：韓の王族に仕える家系に生まれた。韓を滅ぼした秦に強い恨みを持っていた。巡行中に始皇帝の暗殺を試みたが失敗（114ページ）。後に出会った劉邦の軍師となり、漢王に押し上げた。

両雄相まみえる

楚の将軍

項羽

身の丈 180 センチという巨躯《きょく》で、怪力の持ち主でもあった。プライドが高く、それがのちに、劉邦との戦いで利用されてしまう。

漢軍のトップ

劉邦

農民出身。家業を嫌う酒と女好きの男だったが、人を引き付ける魅力を持っていたという。亭長《ていちょう》（警官的な役人）であったが、反乱軍に加わった。

たった15年で秦が滅びるまで

反秦の乱が広がる ▶ 劉邦・項羽が台頭する ▶ 胡亥《こがい》を趙高《ちょうこう》が殺害。皇族の子嬰《しえい》の即位 ▶ 趙高を子嬰が殺害。子嬰の降伏 ▶ 劉邦が咸陽を陥落 ▶ 前206年 秦の滅亡

ハイブリッド政策で国土を治める漢《かん》

中央集権制と氏族制の両方を採用した「郡国制」

先に関中にたどりつき、秦を降伏させた劉《りゅう》邦《ほう》ですが、それが気に食わない項羽《こうう》との間で楚漢《そかん》戦争が勃発します。**この戦いを見事に制した劉邦は、前202年に、晴れて名実ともに漢王となりました。**

秦の「アメとムチ」で人々を縛りつける様を見てきた劉邦は、**中央集権制と氏族制のいいとこ取りをした政治を行ないました。それが、「郡国制《ぐんこくせい》」です。**

中央集権制がなじんでいた地域には、引き続き中央から官僚を派遣する郡県制を敷き、氏族制が根強く残っていた地域は「国」という名称にして、劉邦の親族や軍功をあげた者を王に据《す》えました。

こうすることで中央集権制への反発を抑えながら治めることができます。少しずつこちらに協力的にさせるように仕向け、**反発の心配がなくなってきた頃に、中央集権制に切り替えようという作戦でした。**

郡国制を採用した後、匈奴《きょうど》との戦いなど、さまざまな危機に遭《あ》い、案の定、国を安定させるのに時間がかかりました。

しかし、6代目の景帝《けいてい》の時代に入ってから**中央集権国家へとシフトを切りました。**実に、劉邦が漢王になってから50年の年月が経っていました。

楚漢戦争：西楚の覇王・項羽と漢王・劉邦との間で、約5年間にわたって繰り広げられた戦争。最後は、追い詰められた項羽が自害して終結した。また、この戦いから四面楚歌という故事が生まれた。

項羽VS劉邦　楚漢戦争の勃発

楚

項羽軍
范増《はんぞう》、鍾離眜《しょうりばつ》、龍且《りゅうしょ》、季布《きふ》、周殷《しゅういん》、項《こう》一族

VS

漢

劉邦軍
韓信《かんしん》…項羽軍での悪い待遇に耐えかねて劉邦軍へ。一つの独立勢力となるほどの功績をあげたが、劉邦に仕え続けた。

陳平《ちんぺい》…項羽の怒りを買い、劉邦の参謀へ。

英布《えいふ》…項羽の将だったが、劉邦の配下へ。

張良《ちょうりょう》…劉邦の人柄に惹かれ軍師として仕える。

蕭何《しょうか》、曹参《そうしん》、張耳《ちょうじ》、夏侯嬰《かこうえい》、劉賈《りゅうか》、張蒼《ちょうそう》、灌嬰《かんえい》、司馬卬《しばごう》…ほか大勢

陳平が「范増謀反ではないか?」と一芝居うち、内部から崩れていく。

巧みな人心掌握術で優秀な人材が集結

多くの武将が劉邦軍に寝返る

↓

前206年 秦の滅亡。項羽が「西楚の覇王」を名乗る。

前205年 劉邦が漢中を出発。

前203年 楚漢の休戦が約束される。

前202年 和議が崩れ再び戦争。項羽が戦死し、漢軍の勝利で終わる。

↓

漢王朝の誕生

真の統一国家を完成させた武帝《ぶてい》

中央集権制度により中国の統一を確立

6代目の景帝《けいてい》の時代に起こった呉楚七国の乱の後、郡国制から郡県制に切り替えた漢。**少しずつ中央集権制へシフトしていき、7代目の武帝《ぶてい》（前141年即位）の時代に、念願の中央集権国家となりました。**武帝は強大な権力を手に入れ、漢の全領土を支配しました。

そして、強力な軍事力で、初代漢王の劉邦《りゅうほう》の時代から長年頭を悩ませてきた**匈奴《きょうど》討伐を果たします。**

一度は、始皇帝が中国全土を支配下に置き匈奴を追い払いました。しかし、劉邦の時代には、領土は3分の1程度にまで縮小します。

武帝は再び領土を取り返し、中国大陸全土を支配したのです。この点からも、武帝の持っていた力が、どれほど巨大なものだったのかがうかがえます。

その領土は現在の北朝鮮からウズベキスタンまでという広域です。始皇帝が夢見た真の統一は、武帝によって完成されたといっても過言ではないでしょう。

もう一つの重大事項として、氏族制の終わりがあげられます。始皇帝の郡県制と劉邦の郡国制のおかげで、氏族制社会が少しずつ解体し、社会の認識が制度に追いついたのです。二人の政策がなければ、統一国家は完成しなかったのかもしれません。

武帝：景帝の子どもで、兄たちを押しのけて16歳で即位した第7代の皇帝。安定的かつ継続可能な内政と外征に力を入れて、巨大な国家をつくり上げ、漢の全盛期を創出した。

秦から継いだ漢の郡国制と政治体制

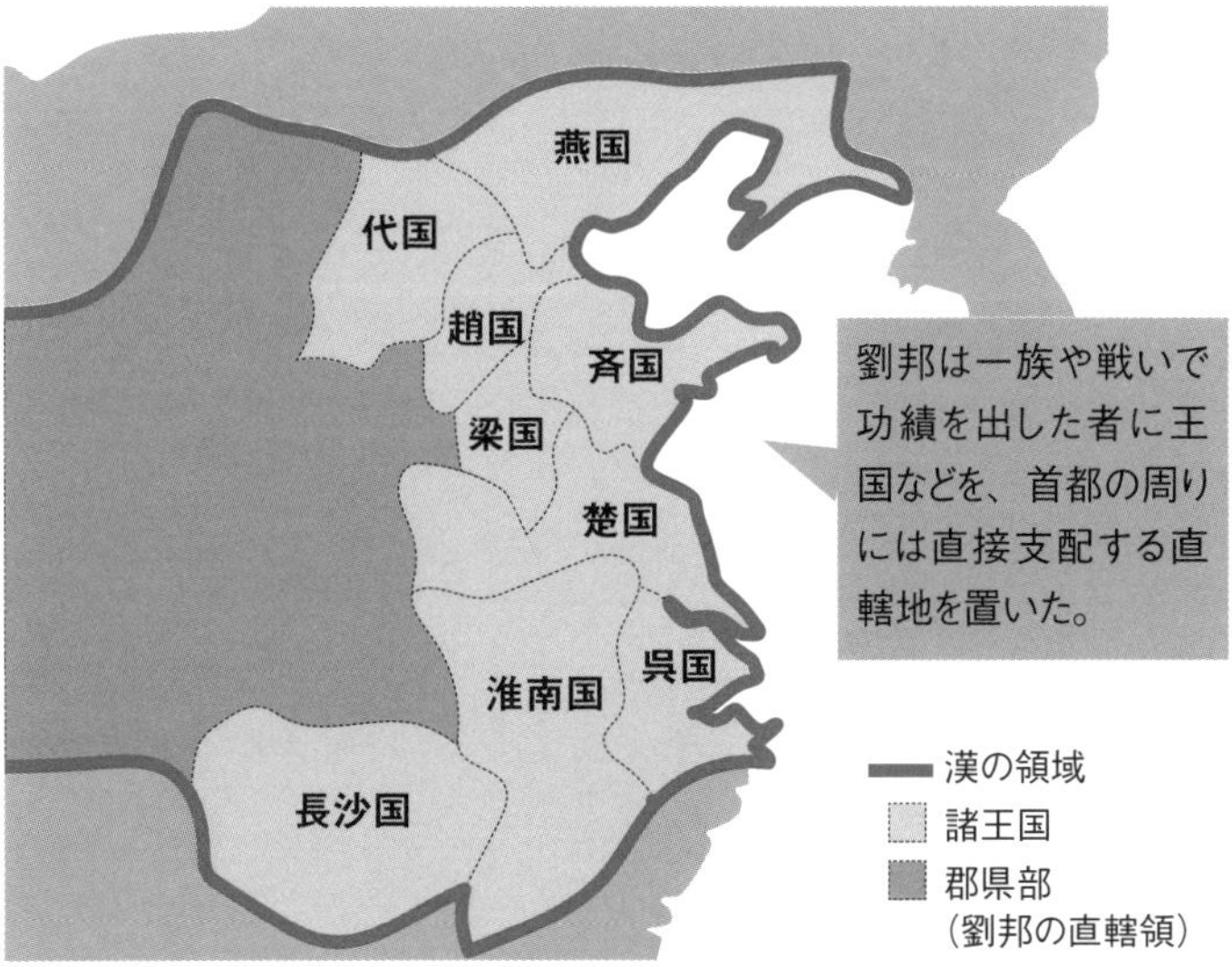
燕国
代国
趙国
斉国
梁国
楚国
呉国
淮南国
長沙国
劉邦は一族や戦いで功績を出した者に王国などを、首都の周りには直接支配する直轄地を置いた。
漢の領域
諸王国
郡県部
(劉邦の直轄領)

漢の国家体制

封建制と郡県制を合わせた地方統治制度。一族や功臣に与えた地（封土）には王国、直轄領には郡県を置いた。

皇帝

三公
朝廷の最高位の行政官。三人を並べ、権力を分散させた。

中央（劉邦の直轄領）
●監察　●行政　●軍事
皇帝は丞相をおさえ、次第に朝廷を政務執行機関へと変えていった。

地方
●監察　●行政　●軍事
地方には郡県のほかに、王国を設け、監察区として州も設置。西域を統治する役所も新設。

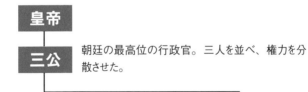

監修者紹介

渡邉 義浩（わたなべ よしひろ）

1962年東京生まれ。筑波大学大学院博士課程歴史・人類学研究科修了。文学博士。現在、早稲田大学理事・文学学術院教授。大隈記念早稲田佐賀学園理事長。三国志学会事務局長。専門は古代中国思想史。主な著書・監修本に『眠れなくなるほど面白い 図解 三国志』（日本文芸社）、『始皇帝　中華統一の思想―「キングダム」で解く中国大陸の謎』（集英社新書）、『教養として学んでおきたい三国志』（マイナビ新書）などがある。

参考文献

『始皇帝　中華統一の思想―「キングダム」で解く中国大陸の謎』渡邉義浩（著）　集英社／『始皇帝全史』鶴間和幸（監）　カンゼン／『始皇帝大全ビジュアルブック』ぴあ MOOK／『春秋戦国の英傑たち 五覇七雄の光芒』島崎晋（著）双葉社／『世界史劇場 春秋戦国と始皇帝の誕生』神野正史（著）　ベレ出版／『知識ゼロからの史記入門』渡辺精一（監）、横山光輝（画）　幻冬舎

STAFF

編集　坂尾昌昭、中尾祐子（株式会社 G.B.）
デザイン　森田千秋（Q.design）
執筆協力　安倍季実子、菅原こころ
イラスト　竹口睦郁
校正　玄冬書林

眠《ねむ》れなくなるほど面白《おもしろ》い
図解《ずかい》 始皇帝《しこうてい》の話《はなし》

2022年4月10日　第1刷発行
2023年3月1日　第2刷発行

監修者　渡邉義浩《わたなべよしひろ》
発行者　吉田芳史
印刷所　株式会社光邦
製本所　株式会社光邦
発行所　株式会社日本文芸社
〒100-0003　東京都千代田区一ツ橋1-1-1 パレスサイドビル8F
TEL 03-5224-6460［代表］
URL https://www.nihonbungeisha.co.jp/

Printed in Japan　112220324-112230220 Ⓝ02　(300056)
ISBN978-4-537-21982-1
（編集担当：水波 ／ 坂）

内容に関するお問い合わせは小社ウェブサイト
お問い合わせフォームまでお願いいたします。
ウェブサイト https://www.nihonbungeisha.co.jp/